新编中国语文

主　编　苏　峰

副主编　李　姝

西南交通大学出版社

·成　都·

图书在版编目（CIP）数据

新编中国语文 / 苏峰主编. —成都：西南交通大学出版社，2016.5

ISBN 978-7-5643-4685-0

Ⅰ. ①新… Ⅱ. ②苏… Ⅲ. ①汉语－高等学校－教材 Ⅳ. ①H1

中国版本图书馆 CIP 数据核字（2016）第 097619 号

新编中国语文

主编　苏　峰

责任编辑	王小碧
封面设计	严春艳
出版发行	西南交通大学出版社 （四川省成都市二环路北一段 111 号 西南交通大学创新大厦 21 楼）
发行部电话	028-87600564　028-87600533
邮政编码	610031
网址	http://www.xnjdcbs.com
印刷	四川森林印务有限责任公司
成品尺寸	167 mm×227 mm
印张	13.625
字数	243 千
版次	2016 年 5 月第 1 版
印次	2016 年 5 月第 1 次
书号	ISBN 978-7-5643-4685-0
定价	49.00 元

图书如有印装质量问题　本社负责退换

目 录

第一讲 先秦诗文

第二讲 汉诗文

第三讲　魏晋南北朝诗文

第四讲　唐宋诗、词、文

第五讲　元明清曲、文、小说

第六讲　近代文

第七讲 现当代诗文、小说

第一讲

先秦诗文

《诗经》二首

【提　示】

《诗经》，我国第一部诗歌总集，共收入自西周初年至春秋中叶大约五百多年的诗歌三百零五篇，共分为“风、雅、颂”三个部分，先秦时称为“诗”或

图1　《诗经》的现实主义风格影响了中国后世诗歌的发展（编者加）

“诗三百”。《诗经》的内容广泛反映了当时社会生活的各个方面，内容涉及政治、经济、伦理、天文、地理、外交、风俗、文艺等各个方面，洋溢着浓厚的人本意识，具有“美刺”的社会功能，开辟了我国诗歌现实主义的传统，对后世产生深远影响。其句式以四言为主，多用重章叠句和赋、比、兴的表现手法，语言质朴优美，音节和谐明快，形象鲜明，寓意深刻，极富感染力，是中国诗歌的辉煌开端。《采薇》、《黍离》是其代表作。《采薇》为“小雅”之一，《黍离》为“国风”之一。

采　薇[1]

采薇采薇[2]，薇亦作止[3]。
曰归曰归，岁亦莫止。
靡室靡家，玁狁之故[4]。
不遑启居[5]，玁狁之故。

采薇采薇，薇亦柔止[6]。
曰归曰归，心亦忧止。
忧心烈烈[7]，载饥载渴。
我戍未定，靡使归聘[8]。

采薇采薇，薇亦刚止[9]。
曰归曰归，岁亦阳止[10]。
王事靡盬[11]，不遑启处。
忧心孔疚，我行不来[12]！

---

[1] 选自《诗经 · 小雅》。《毛诗序》：“《采薇》，遣戍役也。文王之时，西有昆夷之患，北有玁狁之难。以天子之命，命将率戍遣役，以守卫中国。故歌《采薇》以遣之，《出车》以劳还，《杕杜》以勤归也。”

[2] 薇：野豌豆。

[3] 作：初生。止：语助词。

[4] 玁狁（xiǎn yǔn）：古民族名，春秋时为戎狄，秦汉时为匈奴，隋唐时为突厥。

[5] 不遑：不暇。启：跪，危坐。居：安坐，安居。

[6] 柔：嫩。

[7] 烈烈：忧貌。《诗缉》：“如火烈烈，言内热也。”

[8] 聘：问候。

[9] 刚：坚硬。

[10] 阳：十月为阳。

[11] 靡盬（gǔ）：无止息。

[12] 孔：很，副词。疚：病，苦痛。本义为久病。不来：不慰问。

图 2 春风杨柳万千条 （傅抱石）（编者加）

彼尔维何[1]？ 维常之华[2]。
彼路斯何[3]？ 君子之车。
戎车既驾， 四牡业业[4]。
岂敢定居？ 一月三捷。

驾彼四牡， 四牡骙骙[5]。
君子所依， 小人所腓[6]。
四牡翼翼， 象弭鱼服[7]。
岂不日戒？ 猃狁孔棘[8]！

---

[1] 尔：花盛貌。

[2] 常：常棣，植物名。

[3] 路：大车。

[4] 牡：雄马。业业：壮大貌。

[5] 骙骙（kuí kuí）：雄壮，威武。

[6] 腓（féi）：庇，掩护。

[7]翼翼：娴熟。弭（mǐ）：弓的一种，其两端饰以骨角。鱼服：兽皮作箭袋。《诗集传》："鱼：兽名，似猪，东海有之。其皮背上斑纹，腹下纯青，可为弓鞬矢服也。"

[8] 棘：急。

昔我往矣，　杨柳依依[1]。
今我来思[2]，　雨雪霏霏[3]。
行道迟迟[4]，　载渴载饥。
我心伤悲，　莫知我哀!

黍　离[5]

彼黍离离[6]，
彼稷之苗[7]。
行迈靡靡[8]，
中心摇摇[9]。
知我者，谓我心忧，
不知我者，谓我何求。
悠悠苍天，
此何人哉!

彼黍离离，
彼稷之穗。
行迈靡靡，
中心如醉。
知我者，谓我心忧，
不知我者，谓我何求。
悠悠苍天，
此何人哉!

---

[1] 依依：茂盛貌。一说依恋貌。

[2] 思：语末助词。

[3] 霏霏：雪大貌。

[4] 迟迟：迟缓。

[5] 《毛诗序》："《黍离》，闵宗周也。周大夫行役，至于宗周（西周），过故宗庙宫室，尽为黍禾，闵周室之颠覆，彷徨不忍去，而作是诗也。"

[6] 黍（shǔ）：黍子，草本植物，子实淡黄色，去皮后叫黄米，煮熟后有黏性。离离：行列貌。

[7] 稷：高粱。

[8] 靡靡：行步迟缓貌。

[9] 中心：内心。摇摇：心神不安。

彼黍离离，
彼稷之实。
行迈靡靡，
中心如噎[1]。
知我者，谓我心忧，
不知我者，谓我何求。
悠悠苍天，
此何人哉！

【课堂讨论】

谈谈对“昔我往矣，杨柳依依。今我来思，雨雪霏霏”四句诗的理解，说说它们传达了怎样的感情?

【课后练习】

1．理解并体会“黍离之悲”。

2．结合《诗经》的其他作品，分析我国为什么是抒情诗的国度。

3．人生就像一场战争，每个人都可能有困顿、迷惘的时候，如何通过有效的方式来释放自己的痛苦和哀伤，写诗可能是途径之一。试写一首小诗抒发内心的情感。

[1] 噎：气逆不顺。

少司命[1]

屈原

【提　示】

屈原（前340—前278），名平，字原，战国时楚人。他是楚王同姓贵族，曾任左徒、三闾大夫等官职。学识丰富、人格高洁，具有远大政治理想，主张任用贤能、修明法度、联齐抗秦。曾深得楚怀王信任，后为上官大夫谗言所害，

图3　屈原

[1]《少司命》，旧注以为星名，也是神名，主管人的祸福。王夫之《楚辞通释》：大司命通司人之生死，而少司命则司人子嗣之有无，皆楚俗为之名而祀之。《少司命》云：夫人自有兮美子，荪何以兮愁苦。此司人之子嗣有无。

被楚怀王疏远。顷襄王时，更因令尹子兰之忌，被流放到江南。最终因忧于国事日益危殆，悲愤忧郁，自投汨罗江而死。屈原是“骚体”的创始者，著有《离骚》、《九歌》、《天问》、《九章》等诗篇。其诗想象丰富，文辞绚烂，是中国浪漫主义诗歌的源头。《少司命》为《九歌》十一篇之一。

秋兰兮麋芜[1]，
罗生兮堂下。
绿叶兮素华[2]，
芳菲菲兮袭予[3]。
夫人自有兮美子[4]，

图4 少司命经常以妇女儿童保护神的形象出现（傅抱石）（编者加）

[1] 秋兰：古所谓兰草，叶茎皆香。秋天开淡紫色小花，香气更浓。古人以为生子之祥。麋芜：即“蘼芜”，细叶芎藭，叶似芹，丛生，七、八月开白花。根茎可入药，治妇人无子。以下六句为男巫以大司命口吻迎神所唱。

[2] 华：原作“枝”，《楚辞考异》引一本作“华”。王逸《楚辞章句》释此句为“吐叶垂华”，则本作“华”，今据改。

[3] 袭：指香气扑人。予：我，男巫以大司命口吻自谓。

[4] 夫：发语词，兼有远指作用。

荪何以兮愁苦[1]？
秋兰兮青青[2]，
绿叶兮紫茎。
满堂兮美人[3]，
忽独与余兮目成[4]。

入不言兮出不辞，
乘回风兮载云旗。
悲莫悲兮生别离，
乐莫乐兮新相知。

荷衣兮蕙带，
儵而来兮忽而逝[5]。
夕宿兮帝郊，
君谁须兮云之际[6]？

与女沐兮咸池[7]，
晞女发兮阳之阿[8]。
望美人兮未来[9]，
临风怳兮浩歌[10]。

孔盖兮翠旍[11]，
登九天兮抚彗星[12]。

---

[1] 荪：溪荪，石菖蒲，一种香草。古人用以指君王等尊贵者。诗中指少司命。何以：因何。

[2] 青青：借为“菁菁”，茂盛貌。以下三节为少司命所唱。

[3] 美人：指祈神求子的妇女。

[4] 忽：很快地。余：我，少司命自谓。目成：用目光传情，达成默契。

[5] 儵（shū）：同“倏”，迅疾的样子。逝：离去。

[5] 君：少司命指称大司命。须：等待。因大司命受祭结束后升上云端等待，故少司命这样问。

[7] 此句上原有“与女游兮九河，冲风至兮水扬波”，王逸无注。《考异》云：“古本无此二句。”按：“与女”二句与《河伯》中二句重复，当是由《河伯》所窜入，今删。女：汝。咸池：神话中天池，太阳在此沐浴。以下二节为男巫以大司命口吻所唱。

[8] 晞（xī）：晒干。阳之阿（ē 婀）：即阳谷，也作旸谷，神话中日所出处。

[9] 美人：此处为大司命称少司命。大司命在云端，少司命尚在人间受祭，所以大司命这样说。

[10] 怳（huǎng）：神思恍惚惆怅的样子。浩歌：放歌，高歌。

[11]孔盖：孔雀毛作的车盖。旍（jīng）：同“旌”，翠旍，翠鸟羽毛装饰的旌旗。

[12] 九天：古代传说天有九重。此处指天之高处。抚：持。

竦长剑兮拥幼艾[1]，
荪独宜兮为民正[2]。

【课堂讨论】

说说本诗中大量的香草意象对诗歌意境的渲染有何帮助？

【课后练习】

1．本诗的主题是关乎爱情的小爱还是关乎整个人类的大爱？试分析。

2．“六一（欧阳修）云：屈原《离骚》读之使人头闷，然摘三句反复味之，与《风》、《雅》无异。”根据以上所述，试比较《楚辞》与《诗经》的艺术风格。

3．爱情是一个永远的命题，结合本诗谈谈当代大学生的恋爱观。

[1] 竦（sǒng）：肃立，此处指笔直地拿着。拥：抱着。幼艾：儿童，即《札记·月令》所说“养幼少”的“幼少”。

[2] 正：主也。

3. 《老子》二则[1]

【提　示】

老子（前600? —前470? ），姓李名耳，字伯阳，又名老聃。有史料记载，老子为今安徽涡阳人，与孔子同时期而年稍长于孔子。老子是道家学派的创始人，朴素的自然主义者。他主张绝圣弃智，忘情寡欲，无为而治。著有《老子》，分为上下两篇；上篇为《道经》，下篇为《德经》，故又称为《道德经》。本课所选的《道德经》第二章、第二十五章能从一个侧面体现老子的“无为”思想。

图5　老子出关（范曾）

第二章

天下皆知美之为美

天下皆知美之为美，斯恶已[2]；皆知善之为善，斯不善已。故有无相生[3]，难易相成，长短相形，高下相盈[4]，音声相和[5]，前后相随，恒也。

是以圣人处“无为”之事[6]，行“不言”之教[7]；万物作焉而不辞，生而不有，为而不恃，功成而弗居[8]。夫唯弗居，是以不去。

---

[1] 本文为《老子 · 道德经》的第二章和第二十五章，题目是编者所加。

[2] 恶：指丑。

[3] 有无：指现象界事物的存在或不存在而言。

[4] 盈：长。

[5] 音声相和：乐器的音响和人的声音互相调和。

[6] 圣人：道家最高的理想人物。无为：顺其自然，不妄为。

[7] 不言：不发号施令，不用政令。

[8] 居：自我夸耀。

第二十五章
有物混成[1]

有物混成，先天地生。寂兮寥兮[2]，独行而不改[3]，周行而不殆[4]，可以为天地母。吾不知其名，强字之曰“道”[5]，强为之名曰“大”[6]。大曰逝[7]，逝曰“远”，远曰反[8]。

故“道”大，天大，地大，人亦大。域中有四大，而人居其一焉。

人法地，地法天，天法“道”，“道”法自然[9]。

【课堂讨论】

我们应如何理解老子的“无为”论?

【课后练习】

1．有美才有丑，有善才有恶，如何理解这种对应关系?

2．李约瑟在《中国科学思想史》中提道：“中国人的特性很多最吸引人的地方都来自道家的传统。中国如果没有道家，就像大树没有根一样。”谈谈你对这句话的理解。

3．请结合实际谈一谈在现代社会中如何做到“功成而弗居”。

---

[1] 混成：混然而成，指浑朴的状态。
[2] 寂兮寥兮：没有声音，没有形体。
[3] 独行而不改：形容“道”的绝对性和永存性。
[4] 周行：循环运行。不殆：不息，“殆”通“怠”。
[5] 强：勉强。
[6] 大：形容“道”的没有边际，无所不包。
[7] 逝：指“道”的进行，周流不息。
[8] 反：作“返”，即返回到原状。
[9] “道”法自然：“道”，取法于自然。

匠石之齐[1]

《庄　子》

【提　示】

庄子（前 369—前 286），名周，战国时宋之蒙（今河南商丘县东北）人。尝为蒙漆园吏，生平事迹不详。《庄子·秋水》篇载楚王使人聘庄子，庄子不应，可见其是一个不苟求性命、不追求闻达的人。《汉书·艺文志》载《庄子》书五十二篇，现存三十三篇，其中“内篇”七篇，“外篇”十五篇，“杂篇”十一篇，多认为“内篇”是庄子所作，“外篇”和“杂篇”为庄子的门徒或后学所作。庄子的散文在先秦诸子散文中具有独特风格，想象奇幻，汪洋恣肆，构思巧妙，机趣横生，善用譬喻和寓言，极富浪漫主义色彩，在后世散文中罕有伦比。

图 6　苟求性命，不求闻达的庄子（编者加）

匠石之齐[2]，至于曲辕[3]，见栎社树[4]。其大蔽数千牛，絜之百围[5]，其高临山十仞而后有枝[6]，其可以

[1] 节选自《庄子·内篇·人间世第四》。

[2] 匠石：木匠，名石。之：往。

[3] 曲辕：地名。

[4] 栎（lì）：树名，有白栎、高山栎等。社树：被拜为土地神的树。

[5] 絜（xié）：用绳子计量圆筒形物体的粗细。旧说直径一尺为一围。

[6] 临山：临居山顶，即高出山顶。仞：八尺，或说七尺。

为舟者旁十数[1]。观者如市[2]，匠伯不顾[3]，遂行不辍[4]。弟子厌观之[5]，走及匠石，曰:“自吾执斧斤以随夫子，未尝见材如此其美也。先生不肯视，行不辍，何邪?”曰:“已矣[6]，勿言之矣!散木也[7]。以为舟则沉，以为棺椁则速腐[8]，以为器则速毁[9]，以为门户则液樠[10]，以为柱则蠹[11]，是不材之木也[12]。无所可用，故能若是之寿[13]。”

匠石归，栎社见梦曰[14]:“女将恶乎比予哉[15]？若将比予于文木邪[16]？夫柤梨橘柚，果蓏之属[17]，实熟则剥[18]，剥则辱。大枝折，小枝泄[19]。此以其能苦其生者也[20]。故不终其年而中道夭，自掊击于世俗者也[21]。物莫不若是。且予求无所可用久矣！几死[22]，乃今得之[23]，为予大用。使予也而有用，且得有此大也邪[24]？且也若与予也皆物也，奈何哉其相物也[25]？而几死之散人，又恶知散木！”匠石觉而诊其梦[26]。弟子曰:“趣取无用，则为社何邪[27]？”曰:“密[28]！若无言！彼亦直寄焉[29]！以为不知己者诟厉也[30]。不为社者，且几

[1] 为舟：造船。旁：读为方，且。

[2] 市：集市。形容人多热闹。

[3] 不顾：不看。

[4] 遂：竟。辍（chuò）：停止。

[5] 厌观：饱看。

[6] 已矣：罢了。

[7] 散木：没有用的木材。

[8] 棺：棺材。古代棺外再有一层，叫做椁（guǒ）。

[9] 器：用具。

[10] 樠（mán）：树名，树心似松。松树心有脂液流出，樠树也是如此。液樠，脂液流出如樠树。说明木心不坚实。

[11] 蠹（dù）：蛀木虫。此作动词，谓虫蛀。

[12] 不材：不能用作材料。

[13] 若是：如此。寿：长命。

[14] 见（xiàn）梦：托梦。

[15] 女：通“汝”。比予：和我比较。

[16] 文木：纹理正常，可作木料的树。

[17] 柤（zhā）：通“楂”，即山楂。果蓏（luǒ）：有核叫果，无核叫蓏。

[18] 实熟：果实成熟。剥：被剥。

[19] 泄：通“抴”（yè），拉，牵扭。

[20] 苦：作动词。苦其生，使一生受苦。

[21] 自掊句：自讨世俗的人的打击啊！掊：打。

[22] 几死：几乎被砍死。

[23] 得之：指实现了无用为用的愿望。

[24] 大：高大。

[25] “且也”二句：而且你和我都是物，为什么要互相看做可用或不可用之物呢？

[26] 诊：通“畛”，告。诊其梦：把他的梦告诉给弟子。

[27] “趣取”二句：趣，通“趋”。趋取：追求。为社，做土地神。

[28] 密：保密。

[29] 直：特。直寄，特意寄托。

[30] 以：因。为：被。诟：侮辱。厉：病。

有剪乎[1]！且也彼其所保与众异[2]，而以义喻之[3]，不亦远乎[4]！”

【课堂讨论】

应如何正确理解“无用之用”和“不材之才”？

【课后练习】

1．善用寓言是庄子散文的一大特点，文中的寓言对观点的阐述有何作用?

2．请说出你所知道的庄子散文中的寓言，并说说对它或它们的理解。

3．你如何看待庄子的处世哲学，请谈谈体会。

[1] 几：几乎。剪：砍伐。

[2] “且也”句：而且它和众木保存生命的方法不同。

[3] 义：常理。喻：说明。

[4] 远：相距太远，即失去分寸。

《论语》二则

【提　示】

《论语》，先秦儒家经典，主要记载了孔子及其弟子的言语行事，由孔子弟子或再传弟子记录编纂。《论语》是语录体散文，语言简练，蕴意深厚，善于通过对话、白描展示人物形象，是后世散文创作的典范。南宋以后，《论语》和《礼记》中的《大学》、《中庸》二篇与《孟子》，号为“四书”。

孔子（前551—前479），名丘，字仲尼，春秋时鲁国陬邑（今山东曲阜）人。我国古代伟大的思想家、教育家，儒家学派的创始人。孔子毕生致力于将其“仁”的思想推广普及，学而不厌，诲人不倦，以“诗、书、礼、乐”教导弟子，对中国思想文化的发展有巨大和深远的影响。

图7　孔子的儒家思想影响了中国社会几千年（编者加）

楚狂接舆歌[1]

楚狂接舆歌而过孔子曰[2]：“凤兮，凤兮！何德之衰?往者不可谏[3]，来者犹可追[4]。已而[5]，已而！今之从政者殆而[6]！”

孔子下，欲与之言。趋而辟之[7]，不得与之言。

---

[1] 节选自《论语·微子》。
[2] 楚狂：楚国人，佯狂避世。
[3] 谏：挽回。
[4] 追：赶得上。
[5] 已而：犹言“罢了”。而：语尾助词。
[6] 殆：危险。
[7] 辟：通“避”。

长沮、桀溺耦而耕[1]

长沮、桀溺耦而耕[2]。孔子过之，使子路问津焉[3]。长沮曰：“夫执舆者为谁[4]？”子路曰：“为孔丘。”曰：“是鲁孔丘与？”曰：“是也。”曰：“是知津矣！”问于桀溺。桀溺曰：“子为谁?”曰：“为仲由。”曰：“是鲁孔丘之徒与?”对曰：“然。”曰：“滔滔者，天下皆是也，而谁以易之[5]?且而与其从辟人之士也，岂若从辟世之士哉[6]?”耰而不辍[7]。子路行以告。夫子怃然曰[8]：“鸟兽不可与同群，吾非斯人之徒而谁与[9]？天下有道，丘不与易也[10]。”

图 8　孔子周游列国的意义更在于儒家思想因此得到了传播（编者加）

[1] 选自《论语·微子》。

[2] “长沮”“桀溺”不是真姓名。沮：沮洳，润泽之处。桀：同杰，魁梧之意。溺：身浸水中。子路见一个长大的人和一个魁梧的人都在泥水中耕作，故以其形象名之。耦而耕：两人并耕。

[3] 问津：问渡口。

[4] 执舆：拉马的缰绳，本是子路做的，因子路已下车，所以孔子代为驾御。

[5] 以：同“与”。

[6] 而：同“尔”。辟：同“避”。

[7] 耰（yōu）：播种之后，再用土覆盖，以防鸟啄食。辍：停止。

[8] 怃（wǔ）：怃然，怅惘失意之貌。

[9] 斯人：指世人。

[10] 易：变易。

【课堂讨论】

我国台湾著名学者南怀瑾把儒家比为粮食店，把道家比为药店，谈谈你对此的看法。

【课后练习】

1. 文中采用了大量的对话描写，说说这对塑造人物形象和展示人物性格有何作用？

2. 试论儒家思想和精神的当代意义。

3. 如何体会和实践孔子“知其不可为而为之”的进取精神。

告子章句·上（节选）[1]

《孟　子》

【提　示】

孟子（前 372—前 289），名轲，山东邹城（今山东邹县）人。受业于孔子之孙孔伋的门人，是孔子之后战国中期儒家学派最具权威的代表人物。孟子主张行“仁政”而王天下，斥责暴虐，反对战争。民本思想是其主要的政治思想。与弟子万章等作《孟子》一书。《孟子》共七篇，中心思想是“仁义”。《孟子》文章气势充沛，感情强烈，笔带锋芒，富于鼓动性，有纵横家、雄辩家气概，是战国时期诸子散文的典范。本课节选的是《告子章句·上》前四章。

图 9　孟子继承并发展了孔子的儒家思想

告子曰：“性犹杞柳也[2]，义犹桮棬也[3]；以人性为仁义，犹以杞柳为桮棬。”

孟子曰：“子能顺杞柳之性而以为桮棬乎?将戕贼杞柳而后以为桮棬也[4]?如将戕贼杞柳而以为桮棬，则亦将戕贼人以为仁义与？率天下之人而祸仁义者，必子之言夫[5]!”

告子曰：“性犹湍水也[6]，决诸东方则东流，决诸西方则西流。人性之无分

---

[1] 节选自《孟子·告子章句·上》。

[2] 杞柳：旧说都以为就是榉树，但此物不能为木材，仅可以取其新枝条之长六七尺者供编物之用。如用作杯盘，恐亦不能盛液体。

[3] 桮棬（bēi quān）：桮，同“杯”；棬，同“圈”，盛羹、注酒及盥洗等器皿的通称。

[4] 戕（qiāng）：毁坏。

[5] 子：你。

[6] 湍　（tuán）：急流。

于善不善也，犹水之无分于东西也。”孟子曰：“水信无分于东西[1]，无分于上下乎？人性之善也，犹水之就下也。人无有不善，水无有不下。今夫水，搏而跃之，可使过颡[2]；激而行之，可使在山。是岂水之性哉？其势则然也[3]。人之可使为不善，其性亦犹是也。”

图 10 孟子受业于子思之门人

告子曰：“生之谓性[4]。”

孟子曰：“生之谓性也，犹白之谓白与？”

曰：“然。”

“白羽之白也，犹白雪之白；白雪之白犹白玉之白与？”

曰：“然。”

“然则犬之性犹牛之性，牛之性犹人之性与？”

告子曰：“食色，性也[5]。仁，内也，非外也；义，外也，非内也。”

---

[1] 信：诚。

[2] 搏：拍。颡（sǎng）：额头。

[3] 势：形势。

[4] 生之谓性：天生的资质叫做性。

[5] “食色，性也”：《礼记 · 礼运篇》有“饮食男女，人之大欲存焉”。

孟子曰："何以谓仁内义外也？"

曰："彼长而我长之[1]，非有长于我也；犹彼白而我白之，从其白于外也，故谓之外也？"

曰："异于白马之白也，无以异于白人之白也；不识长马之长，无以异于长人之长与？且谓长者义乎？长之者义乎？"

曰："吾弟则爱之，秦人之弟则不爱也[2]，是以我为悦者也，故谓之内。长楚人之长，亦长吾之长，是以长为悦者也，故谓之外也。"

曰："耆秦人之炙[3]，无以异于耆吾炙，夫物则亦有然者也，然则耆炙亦有外与?"

【课堂讨论】

你是否认同孟子的"性善论"，试说明理由。

【课后练习】

1．说说本文是怎样阐明"仁义"和"人性"的关系?

2．孟子通过什么方法驳斥对方的观点?

3．从个人的角度应怎样看待人性的差异，请你试作论述。

---

[1] 长（zhǎng）：年长。

[2] 秦人：秦国人。

[3] 耆：同"嗜"。炙：烤肉。

苏秦始将连横[1]

《战国策》

【提　示】

《战国策》，简称《国策》。记载东西周及秦、齐、楚、赵、魏、韩、燕、宋、卫、中山诸国之事，其时代上接春秋，下至秦并六国，约二百四十年(前460—前220)。其作者不可考，有人疑出于蒯通，大概是秦汉间人杂采各国史料编纂而成，后来刘向重加整理，定名为《战国策》，遂相沿至今。它的基本内容是战国时代谋臣策士纵横捭阖的斗争及其有关的谋议或辞说。文章气势纵横，论事周密，善于运用寓言譬喻，语言生动，极具战国文风。

图11 苏秦的成功得益于诸侯争霸（编者加）

苏秦始将连横[2]，说秦惠王曰[3]：“大王之国，西有巴、蜀、汉中之利[4]，北有胡貉、代马之用[5]，南有巫山、黔中之限[6]，东有肴、函之固[7]。田肥美，民殷富，战车万乘[8]，奋击百万[9]，

[1] 选自《战国策·秦策》。

[2] 苏秦：战国时洛阳人。战国时代，合齐、楚、燕、赵、韩、魏六国以抗秦，称为约纵；秦与齐、楚等国个别联合以打击其他国家，称为连横。苏秦以约纵得名，但是最初是主张连横的。

[3] 说（shuì）：劝说。惠王：秦君（公元前336—公元前311年在位）。

[4] 巴：今四川省东部。蜀：今四川省西部。汉中：今陕西省秦岭以南地区。时三地虽未属秦，但交通频繁，故言西有其利。

[5] 胡貉（hé）、代马：胡，这里指匈奴族所居地区，其地产貉，形似狐，毛皮可以为裘。代：今河北、山西二省北部地区，其地产马。

[6] 巫山：山名，在今四川巫山县东。黔中：地名，在今湖南省沅陵县西。限：屏障。

[7] 肴：同“殽”，山名，在今河南省洛宁县西北六十里。函：函谷关，在今河南省灵宝县西南一里许。

[8] 战车：兵车。

[9] 奋击：奋力作战的武士。

沃野千里，蓄积饶多，地势形便[1]，此所谓天府[2]，天下之雄国也。以大王之贤，士民之众，车骑之用，兵法之教[3]，可以并诸侯，吞天下，称帝而治[4]。愿大王少留意，臣请奏其效[5]。”

秦王曰：“寡人闻之：毛羽不丰满者，不可以高飞；文章不成者，不可以诛罚[6]；道德不厚者，不可以使民；政教不顺者，不可以烦大臣。今先生俨然不远千里而庭教之[7]，愿以异日[8]。”

苏秦曰：“臣固疑大王之不能用也。昔者神农伐补遂[9]，黄帝伐涿鹿而擒蚩尤[10]，尧伐驩兜[11]，舜伐三苗[12]，禹伐共工[13]，汤伐有夏[14]，文王伐崇[15]，武王伐纣，齐桓任战而伯天下[16]。由此观之，恶有不战者乎？”

“古者使车毂击驰[17]，言语相结，天下为一，约从连横[18]，兵革不藏。文士并饰[19]，诸侯乱惑，万端俱起，不可胜理。科条既备，民多伪态[20]，书策稠浊[21]，百姓不足。上下相愁，民无所聊[22]，明言章理[23]，兵甲愈起。辩言伟服[24]，战攻不息，繁称文辞，天下不治。舌弊耳聋，不见成功，行义约信，天下不亲。于是乃废文任武，厚养死士，缀甲历兵[25]，效胜于战场。”

---

[1] 形便：得形势，擅便利。

[2] 天府：自然界的富饶府库。

[3] 教：教育、学习。

[4] 称帝而治：战国时代各国的最高统治者都称王，因此较强的国家，开始有自称帝号进行统一的企图。

[5] 效：成效。

[6] 文章：法令。

[7] 俨然：矜庄貌。庭教：在厅堂上指教。

[8] 愿以异日：请以后再说。

[9] 神农：传说中的远古帝皇，农业和医药的发明者。补遂：未详。一说，古国名。

[10] 涿鹿：在今河北省涿鹿县南。蚩尤：传说中的九黎族首领。

[11] 驩兜（hūan dōu）：尧臣名。

[12] 三苗：古族名，亦称苗、有苗，在今湖北武昌、湖南岳阳、江西九江一带。

[13] 共工：古代部族。

[14] 汤伐有夏：指汤伐夏桀事。有：语助词，无义。

[15] 崇：古国名，在今陕西省户县东五里。

[16] 伯：同“霸”。

[17] 毂（gǔ）：车轮中的圆洞，所以容车轴者。此句极言车多而行急。

[18] 约从连横：南北为纵，因此六国相结为约纵；东西为横，因此秦和六国个别结合为连横。

[19] 文士：辩士。饰：指修饰文辞，进行游说的工作。

[20] “科条”两句：规章制度既已完备，人民作伪的却愈多。科条：规章制度。

[21] 书册稠浊：条文记录繁重而混乱。

[22] 聊：依赖。

[23] 明言章理：明显之言和彰著之理。章：同“彰”，明显。

[24] 伟服：奇服。

[25] 缀甲历兵：缀，连属，古代武士之甲，都是用金属片连缀的。厉兵：磨砺兵器。

“夫徒处而致利[1]，安坐而广地，虽古五帝三王五伯，明主贤君，常欲坐而致之，其势不能，故以战续之。宽则两军相攻，迫则杖戟相橦[2]，然后可建大功。是故兵胜于外，义强于内，威立于上，民服于下。今欲并天下，凌万乘[3]，诎敌国[4]，制海内，子元元[5]，臣诸侯[6]，非兵不可。今之嗣主，忽于至道，皆惛于教[7]，乱于治[8]，迷于言，惑于语，沈于辩，溺于辞[9]。以此论之，王固不能行也。”

图 12　苏秦两次返乡的不同境遇体现了人情冷暖、世态炎凉（编者加）

[1] 徒处：无所事事地坐着。
[2] 杖戟：拿着戟。戟：一种将戈、矛合成一体的武器，能直刺，又能横击。
[3] 凌万乘：超越拥有兵车万乘的敌君。
[4] 诎：同“屈”。
[5] 子元元：以广大人民为子，指统一天下。元元：人民。
[6] 臣诸侯：以诸侯为臣。
[7] 惛：不明。
[8] 乱于治：对于治理国家的工作，头脑混乱。
[9] “沈于辩”两句：沉溺在烦琐的辩论和言辞之中。沈：同“沉”。

说秦王书十上而说不行，黑貂之裘弊，黄金百斤尽，资用乏绝，去秦而归，羸縢履蹻[1]，负书担橐[2]，形容枯槁，面目犂黑[3]，状有归色[4]。归至家，妻不下絍[5]，嫂不为炊，父母不与言。苏秦喟叹曰："妻不以我为夫，嫂不以我为叔，父母不以我为子，是皆秦之罪也。"乃夜发书，陈箧数十，得太公阴符之谋[6]，伏而诵之，简练以为揣摩[7]。读书欲睡，引锥自刺其股，血流至足。曰："安有说人主，不能出其金玉锦绣，取卿相之尊者乎？"朞年[8]，揣摩成。曰："此真可以说当世之君矣。"

于是乃摩燕乌集阙[9]，见说赵王于华屋之下[10]，抵掌而谈[11]，赵王大悦，封为武安君[12]。受相印，革车百乘[13]、锦绣千纯[14]、白璧百双、黄金万溢以随其后[15]，约纵散横以抑强秦[16]，故苏秦相于赵而关不通[17]。当此之时，天下之大，万民之众，王侯之威，谋臣之权，皆欲决苏秦之策[18]。不费斗粮，未烦一兵，未战一士，未绝一弦，未折一矢，诸侯相亲，贤于兄弟[19]。夫贤人在而天下服，一人用而天下从，故曰：式于政不式于勇[20]；式于庙廊之内[21]，不式于四境之外。当秦之隆[22]，黄金万溢为用，转毂连骑，炫熿于道[23]，山东之国从风而服，使赵大重[24]。且夫苏秦，特穷巷掘门桑户棬枢之士耳[25]，伏轼撙

---

[1] 羸（léi）：同"缧"，缠绕。縢（téng ）：绑腿布。蹻（jué）：草鞋。

[2] 橐（tuó）：囊。

[3] 犂：通"黧"，黑色。

[4] 归：当作"愧"字误。

[5] 絍：今称为机头。此言妻子不下机，纺织如故。

[6] 陈：摆开。箧（qiè）：指书箱。太公：吕尚。阴符之谋：兵书。

[7] 简：选择。练：煮缣使其洁白曰练，因此有熟习意。揣摩：揣量摩研以探求其真义。

[8] 朞年：满一年。

[9] 摩燕乌集阙：摩，切近也。君主所居之处，下有二台，上有门楼者曰阙。燕乌集：阙名。

[10] 华屋：华丽之屋。

[11] 抵掌：击掌。

[12] 武安：地名，在今河北省武安县。

[13] 革车：兵车。

[14] 纯：匹。

[15] 溢：通"镒"，二十四两。

[16] 约纵散横：结合六国以抗秦，破坏个别国家和秦的关系。

[17] 关不通：关指函谷关，六国通秦的要道。

[18] 策：策略。

[19] 贤于兄弟：胜于兄弟。

[20] 式：用。

[21] 庙廊之内：庙，君主祭祖之处，其旁为廊。

[22] 当秦之隆：在苏秦尊显得意之时。

[23] 炫熿：同"炫煌"，光耀之意。

[24] "山东之国"两句：华山以东的国家，像风吹草动一样，都倒伏下来，使赵国的地位大大重要起来。

[25] 掘门：同"窟门"，窑门。桑户：以桑板为门扉。棬枢：把树条圈起来作为门枢。

衔[1]，横历天下，廷说诸侯之王[2]，杜左右之口[3]，天下莫之能伉[4]。

将说楚王，路过洛阳，父母闻之，清宫除道[5]，张乐设饮[6]，郊迎三十里。妻侧目而视，倾耳而听。嫂蛇行匍伏，四拜自跪而谢。苏秦曰："嫂何前倨而后卑也[7]？"嫂曰："以季子之位尊而多金[8]。"苏秦曰："嗟乎，贫穷则父母不子[9]，富贵则亲戚畏惧。人生世上，势位富贵，盍可忽乎哉[10]？"

【课堂讨论】

以"苏秦是不是利己主义者"为命题，自选正方或反方拟写辩论词。

【课后练习】

1．文中多处排比句的运用在行文上有何作用?

2．结合苏秦得意前后其家人的情态，总结本文在叙事及人物塑造上的艺术特色。

3．当"亲情"和"名利"不可兼得时，你将如何选择?

---

[1] 伏轼撙衔：伏在车前横木上，拉着马的勒头。

[2] 廷说（shuì）：在朝廷上劝说。

[3] 杜：塞。

[4] 伉：通"抗"，匹敌。

[5] 清宫除道：收拾房屋，打扫街道。

[6] 张乐设饮：设置音乐，备办酒席。

[7] 倨：傲慢。

[8] 季子：嫂呼小叔子为季子。一说，季子，苏秦的字。

[9] 父母不子：父母不以为子。

[10] 盍：同"何"。

第二讲

汉诗文

大风歌[1]

刘　邦

【提　示】

刘邦（前 256—前 195），字季，沛县丰邑（今江苏丰县）人。公元前 209 年响应陈胜起义，公元前 206 年率兵入关灭秦，公元前 202 年灭项羽，建立汉朝，史称汉高祖。著有《大风歌》一诗。全诗只有三句，但三句却有三层意思。

全诗意境很高，概括力极强，音节铿锵，余韵无穷。从全诗运用的比兴手法看，属于骚体。

图 13　刘邦的《大风歌》气势豪迈（编者加）

大风起兮云飞扬，
威加海内兮归故乡[2]，
安得猛士兮守四方[3]！

---

[1] 这首歌作于公元前 195 年，当时刘邦征讨英布叛乱后，回师长安，途中经过家乡沛县，邀家乡父老宴饮，刘邦即兴作了这首诗。

[2] 加：凌驾。

[3] 安得：怎得。

【课堂讨论】

为何任昉在《文章缘起》称“汉祖《大风歌》汪洋自恣，不必三百篇遗音，实开汉一代气象，实为汉后诗开创”？

【课后练习】

1．本诗虽顺口成韵，但风格粗犷雄壮，大气磅礴，以致“唱大风”成为后代英雄歌的代称，对此请细心体会。

2．说说汉代楚声短歌对后代诗歌有何影响。

汉乐府二首

【提　示】

“汉乐府”就是指汉时乐府官署所采制的诗歌。“汉乐府”掌管的诗歌一部分是供执政者祭祀祖先神明使用的歌辞，其性质与《诗经》中“颂”相同；另一部分则采集民间流传的无主名的俗乐，因而称之为“乐府民歌”。魏晋以后，人们将乐府所唱的诗也称乐府，于是“乐府”便由音乐官署的名称变为诗体的名称。“汉乐府”的主要内容包括：对剥削阶级的揭露与反抗；对战争、徭役的控诉与揭露；对封建礼教和婚姻的抗议，对劳动人民坚贞爱情的歌颂等。

“汉乐府”继承了《诗经》的现实主义传统，以叙事为主，故事性较强；常用赋、比、兴手法；形式自由，句式多样，语言朴素生动，多用口语。《饮马长城窟行》和《长歌行》是“汉乐府”中有代表性的两首。

图 14　长城是游子们经常吟咏的乡愁之地（编者加）

饮马长城窟行[1]

青青河畔草，绵绵思远道。

[1] 《饮马长城窟行》是汉代乐府古题。相传古长城边有水窟，可供饮马，曲名由此而来。这首诗在《文选》载为“古辞”，不署作者。在《玉台新咏》中署作蔡邕。是否为蔡邕所作，历来有争议。

远道不可思，宿昔梦见之。
梦见在我傍，忽觉在他乡。
他乡各异县，展转不相见。
枯桑知天风，海水知天寒。
入门各自媚，谁肯相为言！
客从远方来，遗我双鲤鱼，
呼儿烹鲤鱼，中有尺素书。
长跪读素书，书中意何如：
上言加飧食，下言长相忆。

【课堂讨论】

中国古代出现大量行旅诗的原因是什么？其他文化中有无类似的作品？

【课后练习】

1. 诗中是如何书写怀人的情愫的，请举例分析。
2. 阅读三国时代陈琳的乐府诗《饮马长城窟行》，并与本诗进行比较。
3. 写封家书给亲人。

长歌行[1]

青青园中葵，朝露待日晞[2]。
阳春布德泽，万物生光辉。
常恐秋节至，焜黄华叶衰[3]。
百川东到海，何时复西归?
少壮不努力，老大徒伤悲。

图 15　《长歌行》由对宇宙的探寻转入对人生价值的思考（编者加）

【课堂讨论】

结合本文谈谈你对蒙田所说“生命本无好坏，是好是坏全在你自己”的看法。

【课后练习】

1．诗中的景物描写对诗歌主题的表达有何作用，试举例分析。

2．分析两汉乐府民歌对后代诗歌创作的影响。

---

[1] 本诗是一首《相和歌·平调曲》古辞。

[2] 晞（xī）：晒干。

[3] 焜（kūn）：植物枯黄貌。一说“焜”为“焆”的假借字；焆，黄貌。焜黄，这里形容花叶枯黄衰落的样子。

3.《古诗十九首》二首

【提　示】

《古诗十九首》为东汉末无名氏作品，原非一时一人所为，南朝梁萧统因其风格相近，合在一起收入其所编《文选》中，题为《古诗十九首》。其中十二首又见于梁、陈间徐陵所编《玉台新咏》，而有八首题作西汉枚乘的《杂诗》。郭茂倩《乐府诗集》也收有其中的三首。《古诗十九首》的内容，大多写士子的失意彷徨、夫妇朋友间的离愁别绪以及人生的无常之感。语言朴素自然，表现委婉曲折，感情细致真切，是早期文人五言诗的重要作品。比如，《行行重行行》是一首思妇之作，虽是写个人离别之情，却从一个侧面反映了东汉末年动荡不安的社会现实。王世贞《艺苑卮言》卷二："钟嵘言《行行重行行》十四首，文温以丽，意悲而远，惊心动魄，几乎一字千金。"而《涉江采芙蓉》则是一首表现游子思念故乡和亲人的诗。

图 16 《行行重行行》诗意图（编者加）

行行重行行[1]

行行重行行[2]，　与君生别离。
相去万余里，　各在天一涯[3]。
道路阻且长[4]，　会面安可知！
胡马依北风[5]，　越鸟巢南枝[6]。

---

[1] 本篇为《古诗十九首》的第一首。选文据逯钦立辑校《先秦汉魏晋南北朝诗》卷十二。
[2] 行行重行行：走了又走。
[3] 涯：方。
[4] 阻：艰险。
[5] 胡马：北方所产之马。
[6] 越鸟：南方的鸟。巢：筑巢。

相去日已远，　　衣带日已缓[1]。
浮云蔽白日，　　游子不顾反[2]。
思君令人老，　　岁月忽已晚[3]。
弃捐无复道[4]，　　努力加餐饭[5]。

【课堂讨论】

试讨论五言民谣对文人五言诗的影响。

【课后练习】

1．为什么说《古诗十九首》是古代文人主体意识觉醒的开山之作?

2.《古诗十九首》所表现的游子、思妇等各种复杂的思想感情，千百年来引起读者的广泛共鸣，试分析其原因。

---

[1] 缓：宽松。

[2] 顾：念。反：同“返”。

[3] 晚：年终。

[4] 弃捐：抛开。

[5] 加餐饭：多吃饭保重身体。

涉江采芙蓉[1]

涉江采芙蓉，　兰泽多芳草[2]。
采之欲遗谁？　所思在远道[3]。
还顾望旧乡[4]，长路漫浩浩。
同心而离居，　忧伤以终老。

图 17　涉江采芙蓉　　（黄均）

【课堂讨论】

试讨论本诗在那些方面受到《楚辞》的影响？

【课后练习】

1．请评价《古诗十九首》所流露出的思想情绪。
2．谈谈你对爱情的看法。

---

[1] 本篇为《古诗十九首》的第六首。

[2] 兰泽：长有兰草的沼泽地。

[3] “采之”二句：《诗经》、《楚辞》中多有采摘芳草寄寓情愫的描写。此诗是继承了这一传统描写，以寄托思念故乡亲人的情感。遗（wèi）：赠与。

[4] 旧乡：故乡。

《史记》二则

司马迁

【提　示】

司马迁（约前 145—公元前 90），字子长，夏阳（今陕西韩城县）人，西汉伟大史学家、文学家。他年轻时游踪几遍全国，并阅读了大量历史文献。元封三年（前 108）继父职，为太史令。太初元年（前 104）完成改历工作后，开始撰写《史记》。后因替李陵辩解，得罪下狱，遭宫刑，蒙受奇耻大辱。出狱后任中书令，发愤著述，终于完成了皇皇巨著《史记》。

图 18　司马迁得罪了一个皇帝，却赢得了整个世界（编者加）

《史记》是我国第一部纪传体通史。记叙了上自黄帝、下至汉武帝太初年间约三千年的历史。全书一百三十篇，包括十二本纪（叙帝王），三十世家（记诸侯），七十列传（志人物），十表（系时事），八书（详制度）。《史记》既是一部伟大的历史著作，又是一部伟大的传记文学作品。书中记事写人俱佳，形象鲜明，见解深刻，激情洋溢，语言生动。它的思想性、艺术性和历史价值都很高，对后世产生了巨大、深远的影响。《管晏列传》为“七十列传”之一。《平淮书》为“八书”的代表之一。

管晏列传[1]

管仲夷吾者[2]，颍上人也[3]。少时常与鲍叔牙游，鲍叔知其贤。管仲贫困，

[1] 本篇选自《史记》卷六十二。
[2] 管仲夷吾：姓管，名夷吾，字仲。
[3] 颍上：颍水边上。

常欺鲍叔，鲍叔终善遇之，不以为言。已而鲍叔事齐公子小白[1]，管仲事公子纠[2]。及小白立为桓公，公子纠死，管仲囚焉[3]。鲍叔遂进管仲。

管仲既用，任政于齐，齐桓公以霸，九合诸侯[4]，一匡天下，管仲之谋也。

管仲曰："吾始困时，尝与鲍叔贾[5]，分财利多自与，鲍叔不以我为贪，知我贫也。吾尝为鲍叔谋事而更穷困[6]，鲍叔不以我为愚，知时有利不利也。吾尝三仕三见逐于君，鲍叔不以我为不肖[7]，知我不遭时也。吾尝三战三走[8]，鲍叔不以我为怯，知我有老母也。公子纠败，召忽死之，吾幽囚受辱[9]，鲍叔不以我为无耻，知我不羞小节而耻功名不显于天下也。生我者父母，知我者鲍子也。"

鲍叔既进管仲，以身下之。子孙世禄于齐[10]，有封邑者十余世，常为名大夫。天下不多管仲之贤而多鲍叔能知人也[11]。

管仲既任政相齐，以区区之齐在海滨，通货积财[12]，富国强兵，与俗同好恶。故其称曰："仓廪实而知礼节，衣食足而知荣辱，上服度则六亲固[13]。四维不张[14]，国乃灭亡。下令如流水之原，令顺民心。"故论卑而易行。俗之所欲，因而予之；俗之所否，因而去之。

其为政也，善因祸而为福，转败而为攻。贵轻重[15]，慎权衡，桓公实怒少姬，南袭蔡，管仲因而伐楚，责包茅不入贡于周室[16]。桓公实北征山戎，而管仲因而令燕修召公之政[17]。于柯之会，桓公欲背曹沫之约，管仲因而信

---

[1] 公子小白：即后来的齐桓公。

[2] 公子纠：公子小白的同父异母兄弟。

[3] "及小白立为桓公"三句：齐襄公死时，公子纠在鲁，公子小白在莒。小白抢先回国即位，是为齐桓公。桓公要鲁国杀掉公子纠，送回管仲。鲁国因畏齐而照办。

[4] 九合诸侯：多次召集诸侯会盟。

[5] 贾（gǔ）：经商。

[6] 贫困：窘困。

[7] 不肖：不类，不贤。

[8] 走：败逃。

[9] "召（shào）忽"二句：召忽原与管仲同辅公子纠。齐桓公令鲁国杀公子纠而送回召忽与管仲，结果召忽自杀，只有管仲被幽囚送回齐国。

[10] 世禄：世代享受俸禄。

[11] 多：称颂。

[12] 通货积财：流通货物，积聚财富。

[13] 六亲：父、母、兄、弟、妻、子。

[14] 四维：四纲，礼、义、廉、耻。

[15] 贵轻重：《管子》一书中有《轻重篇》，讲货币和物价高低，此处指管子重视经济问题。

[16] "桓公实怒"四句：桓公曾与蔡姬乘船，会水的蔡姬故意摇晃小船与桓公嬉戏，桓公怒，遣蔡姬归国。蔡侯亦怒桓公而将蔡姬他嫁。桓公大怒，兴师伐蔡。管仲考虑到齐国师出无名，因借口南楚不向天子进贡包茅，挥师伐楚。少姬：齐桓公夫人，蔡缪侯之妹。包茅：祭祀用品。

[17] "桓公"二句：公元前663年，山戎攻燕，齐桓公伐山戎救燕，命燕君重修召公仁政。山戎：春秋时期活动在河北、山东交界处的少数民族。召公：指燕国始封君姬奭，有爱民政绩。

之[1]，诸侯由是归齐。故曰："知与之为取，政之宝也[2]。"

管仲富拟于公室[3]，有三归、反坫[4]，齐人不以为侈。管仲卒，齐国遵其政，常强于诸侯。后百余年而有晏子焉[5]。

晏平仲婴者[6]，莱之夷维人也[7]。事齐灵公、庄公、景公，以节俭力行重于齐。既相齐，食不重肉[8]，妾不衣帛。其在朝，君语及之，即危言[9]；语不及之，即危行。国有道，即顺命[10]；无道，即衡命[11]。以此三世显名于诸侯。

越石父贤，在缧绁中[12]。晏子出，遭之涂[13]，解左骖赎之[14]，载归。弗谢，入闺。久之，越石父请绝。晏子懼然[15]，摄衣冠谢曰："婴虽不仁，免子于厄[16]，何子求绝之速也？"石父曰："不然。吾闻君子诎于不知己而信于知己者[17]。方吾在缧绁中，彼不知我也。夫子既已感寤而赎我[18]，是知己；知己而无礼，固不如在缧绁之中。"晏子于是延入为上客。

晏子为齐相，出，其御之妻从门间而窥其夫。其夫为相御，拥大盖[19]，策驷马，意气扬扬，甚自得也。既而归，其妻请去。夫问其故。妻曰："晏子长不满六尺，身相齐国，名显诸侯。今者妾观其出，志念深矣，常有以自下者。今子长八尺，乃为人仆御，然子之意自以为足，妾是以求去也。"其后夫自抑损。晏子怪而问之，御以实对。晏子荐以为大夫。

太史公曰：吾读管氏《牧民》、《山高》、《乘马》、《轻重》、《九府》，及《晏

---

[1] "于柯之会"三句：公元前681年，齐鲁盟于柯，鲁将曹沫手持匕首劫持齐桓公退还侵鲁之地，齐桓公被迫答应，事后桓公想反悔，管仲坚持要讲信义。柯：古地名，在今山东阳谷县东北。

[2] 语出《管子·牧民篇》。

[3] 拟：相比。公室：指诸侯。

[4] 三归：娶三姓之女，女子出嫁曰归。一说管仲得到全国税收的三成。反坫（diàn）：放酒杯用的土台。

[5] 百馀年：管仲下距晏子大约七十余年。

[6] 晏平仲婴：姓晏，名婴，字仲，谥平。

[7] 莱：古地名，在今山东东北部。

[8] 食不重肉：只吃一种荤菜。

[9] 危：正。

[10] 顺命：服从命令。

[11] 衡命：接到命令后衡量是非得失，再作处置。

[12] 缧绁（léi xiè）：捆绑犯人的绳索，此处指被囚禁。

[13] 涂：同"途"。

[14] 左骖：左边的骖马。

[15] 懼（jué）然：吃惊。

[16] 厄：困境。

[17] 诎：同"屈"。信：同"伸"。

[18] 感寤：感觉醒悟，此处指发现越石父之贤。

[19] 拥：紧靠。大盖：车上伞盖。

子春秋》[1]，详哉其言之也。既见其著书，欲观其行事，故次其传[2]。至其书，世多有之，是以不论，论其轶事。

管仲世所谓贤臣，然孔子小之。岂以为周道衰微，桓公既贤，而不勉之至王，乃称霸哉[3]？语曰“将顺其美，匡救其恶，故上下能相亲也”[4]。岂管仲之谓乎？

方晏子伏庄公尸哭之，成礼然后去[5]，岂所谓“见义不为无勇”者邪[6]？至其谏说，犯君之颜，此所谓“进思尽忠，退思补过”者哉[7]！假令晏子而在，余虽为之执鞭，所忻慕焉[8]。

【课堂讨论】

谈谈对人物传记写作中尊重事实与艺术加工关系的理解。

【课后练习】

1．为什么说这篇传记在材料的选择与安排上是颇具匠心的？

2．分析《史记》的人物描写艺术。

3．在网络时代，你如何看待友谊？

---

[1] 《牧民》、《山高》、《乘马》、《轻重》、《九府》，都是《管子》中的篇名。《晏子春秋》：记述晏子言行的著作。

[2] 次：编排。

[3] “王、霸”：仁德感化为王，武力征服为霸。

[4] 语出《孝经》。泷川资言《史记会注考证》中“将”读为“奖”。

[5] “方晏子”二句：齐庄公与崔杼妻私通，被崔杼所杀。晏子枕庄公尸而哭之，尽人臣之礼而去。

[6] 语出《论语·为政》。

[7] 语出《孝经》。

[8] 忻：同“欣”。

平 准 书（节选）[1]

汉兴，接秦之弊[2]，丈夫从军旅，老弱转粮饷，作业剧而财匮[3]，自天子不能具钧驷[4]，而将相或乘牛车，齐民无藏盖[5]。于是为秦钱重难用，更令民铸钱，一黄金一斤[6]，约法省禁[7]。而不轨逐利之民，蓄积余业以稽市物[8]，物踊腾粜[9]，米至石万钱，马一匹则百金。

天下已平，高祖乃令贾人不得衣丝乘车[10]，重租税以困辱之。孝惠、高后时，为天下初定，复弛商贾之律[11]，然市井之子孙亦不得仕宦为吏。量吏禄，度官用，以赋于民。而山川园池市井租税之入，自天子以至于封君汤沐邑[12]，皆各为私奉养焉，不领于天下之经费[13]。漕转山东粟[14]，以给中都官[15]，岁不过数十万石。

至孝文时，荚钱益多，轻，乃更铸四铢钱，其文为“半两”，令民纵得自铸钱。故吴，诸侯也，以即山铸钱[16]，富埒天子[17]，其后卒以叛逆[18]。邓通[19]，大夫也，以铸钱财过王者。故吴、邓氏钱布天下，而铸钱之禁生焉。

匈奴数侵盗北边，屯戍者多[20]，边粟不足给食当食者[21]。于是募民能输及转粟於边者拜爵，爵得至大庶长。

---

[1] 选自《史记·平准书》卷三十的前半部分。

[2] 接：继。弊：弊病，此指弊政。

[3] 作业：指各种劳役。剧：繁重。

[4] 钧：通“均”，相同。

[5] 齐民：平民。 藏盖：储藏，喻无物可储藏。

[6] 一黄金一斤：以黄金一斤为“一金”。

[7] 约法省禁：简化法令、省约禁条。

[8] 稽：停留，此处引申为控制、掌握。

[9] 物踊腾粜（tiào）：待物价飞涨时抛售。

[10] 贾人（gǔ）：商人。

[11] 弛：放宽。

[12] 封君：指有封邑的贵族。汤沐邑：天子赐给诸侯的封邑。

[13] 天下：国家。

[14] 漕转：水道运粮叫漕，陆地运粮叫转。

[15] 中都官：京师诸官府。

[16] 即山铸钱：就山上开采铜矿造钱。即，就。

[17] 埒（liè）：相同。

[18] 叛逆：指汉景帝三年（公元前 154 年），以吴濞为首的七国叛乱。

[19] 邓通：蜀郡南安（今四川乐山）人，汉文帝宠臣。文帝赐邓通严道（今四川荥经县）铜山，许铸钱，邓氏钱遍天下。

[20] 屯戍：驻军屯田。

[21] 给食（sì）：供养。当食者：应当吃公粮的人。

孝景时，上郡以西旱，亦复修卖爵令[1]，而贱其价以招民，及徒复作[2]，得输粟县官以除罪。益造苑马以广用，而宫室列观舆马益增修矣[3]。

至今上即位数岁[4]，汉兴七十余年之间，国家无事，非遇水旱之灾，民则人给家足，都鄙廪庾皆满[5]，而府库余货财。京师之钱累巨万，贯朽而不可校[6]。太仓之粟陈陈相因，充溢露积于外，至腐败不可食。众庶街巷有马，阡陌之间成群，而乘字牝者傧而不得聚会[7]。守闾阎者食粱肉[8]，为吏者长子孙，居官者以为姓号。故人人自爱而重犯法[9]，先行义而后绌耻辱焉[10]。当此之时，网疏而民富[11]，役财骄溢，或至兼并豪党之徒[12]，以武断于乡曲。宗室有土公卿大夫以下，争于奢侈，室庐舆服僭于上[13]，无限度。物盛而衰，固其变也。

图 19　司马迁陵墓（编者加）

[1] 亦：只有，副词。
[2] 及：至于。徒复作：判罪服役的犯人。
[3] 列观（guàn 贯）：各种高大华丽的楼台。
[4] 今上：指汉武帝刘彻，公元前 140—前 87 年在位。
[5] 都鄙：京城和边邑。 廪庾：储藏粮食的地方。
[6] 贯：穿钱的绳子。校（jiào）：计算，清点。
[7] 字牝（pìn）：喂乳的母马。傧（bìn）：通“摈”，摈弃，排斥。
[8] 守闾阎者：看守里门的人。粱肉：指美味佳肴。
[9] 重（zhòng）：难。
[10] 绌（chù）：通“黜”，消除。
[11] 网疏：法令宽松。网：喻指法律。
[12] 豪党之徒：指结党成帮把持地方的豪强。
[13] 僭（jiàn）：超越本分。

【课堂讨论】

“重农抑商” 政策为什么可以成为自秦汉以来历代王朝一以贯之的工商政策？在改革开放三十年之际，“一免两补”制度已经实行，怎样看待这种变化？

【课后练习】

1．根据课文，用自己的话给“平准”一词予以合适定义。

2．汉朝初期实行的平准政策，扼杀、限制了工商业发展，这些限制性的措施主要有哪些？

3．有人说，“春秋战国时代，随着‘工商食官’的瓦解，工商业突然面临着一个海阔天空的发展空间。到西汉前期，富商大贾层出不穷。但到汉武帝时，随着‘盐铁官营’为核心的经济政策的实施，这一局面戛然而止。”请结合现实，分析经济政策的变化对工商业发展的影响。

子虚赋[1]

司马相如

【提 示】

司马相如（约前 179—前 118），字长卿，蜀郡成都（今四川成都）人。汉景帝时为武骑常侍，后自求免官而游于梁，从梁孝王。在梁著有《子虚赋》。梁孝王死后，回到蜀郡临邛。后因汉武帝读《子虚赋》而被召至京，著有《天子游猎赋》，前后璧合，即《子虚上林赋》。后任命为郎，奉命通西南夷。晚年因病免官，家居而卒。《汉书·艺文志》著录司马相如共作赋二十九篇，现存题为“司马相如赋”的尚有五篇。《子虚赋》、《上林赋》分则为二，合则为一，从构思上说是一个整体。

图 20　司马相如

楚使子虚使于齐[2]，齐王悉发境内之士，备车骑之众，与使者出畋[3]。畋罢，子虚过奼乌有先生[4]，亡是公在

---

[1] 本篇选自胡克家校刻李善注《文选》。《子虚赋》同《上林赋》在《史记》、《汉书》中为一篇，《文选》始分为二。

[2] 子虚：同“乌有先生”、“亡（wú）是公”都是虚拟人称。“子虚”、“乌有”、“亡是”义并相近，都是说并无此人。齐：汉初封高祖长庶男刘肥为齐王，“食七十城，诸民能齐言者皆予齐王”。吕后称制时稍削之，文帝立，尽以高后时所割复与齐。刘肥之孙齐文王卒，无子，国除。后一岁，文帝以刘肥之子分齐为王，齐有七王。吴楚反时，齐王曾受胁迫参与其谋，齐孝王畏罪自杀，景帝乃立其子寿为齐王（懿王）。武帝时主父偃曰：“刘临淄十万户，市租千金，人众殷富，巨于长安，”“吕太后时齐欲反。吴楚时孝王几为乱。今闻齐王与其姊乱。”武帝初年以前齐国情况可见。《史记·齐悼惠王世家》云：“诸侯大国无过齐悼惠王。”《索隐述赞》云：“表海大国，悉封齐王。”则齐楚之国，至武帝初年已属尾大不掉。司马相如此赋，非无深意。

[3] “王悉发车骑（jì）”二句：《史记》、《汉书》本传“王”前有“齐”字。“畋”作“田”，下同。《艺文类聚·产业部》下引同。“悉发车骑”《史记》作“悉发境内之士，备车骑之众”。五臣本《文选》与《类聚》引同。畋（tián）：打猎。

[4] 过：过访。奼（chà）：“诧”之借，五臣本作“诧”。夸耀。

焉[1]。坐定，乌有先生问曰："今日畋，乐乎？"子虚曰："乐。""获多乎[2]？"曰："少。""然则何乐？"对曰："仆乐齐王之欲夸仆从车骑之众[3]，而仆对以云梦之事也[4]。"曰："可得闻乎？"

子虚曰："可。

图 21　司马相如的文采，卓文君之美艳，当垆卖酒，白头兴怨，长门灵赋，封禅遗书传为千古佳话（编者加）

王车驾千乘[5]，选徒万骑[6]，畋于海滨。列卒满泽，罘网弥山[7]。掩兔辚鹿[8]，

---

[1] 亡是公：《史记》与《汉书》作"无是公"。在：原作"存"，据《史记》与《类聚》改。

[2] 获：出猎而得，此指所猎获的禽兽。

[3] 仆：古代男子自谦之称。

[4] 云梦之事：先秦时楚国泽数名，在长江以北，汉水下游，当今京山、天门、应城、汉川、云梦等县地，此后面积逐渐缩小，并逐渐向东南方转移。

[5] 乘（shèng）：辆。

[6] 选徒：数（计算）兵卒。选徒万骑：犹言"点了一万骑兵"。

[7] 罘（fú）：捕兽的工具，即覆车，也叫幡车网。弥：满，遍布。

[8] 掩：用罘网之类罩住。辚（lín）：用车轮辗轧。

射麋脚麟[1]，骛于盐浦[2]，割鲜染轮[3]。射中获多[4]，矜而自功[5]。顾谓仆曰："楚亦有平原广泽、游猎之地，饶乐若此者乎[6]？楚王之猎，孰与寡人乎？"仆下车对曰："臣，楚国之鄙人也，幸得宿卫十有余年[7]。时从出游，游于后园，览于有无[8]，然犹未能遍睹也；又焉足以言其外泽乎？"齐王曰："虽然，略以子之所闻见而言之。'"

仆对曰："'唯唯'。臣闻楚有七泽，尝见其一，未睹其余也。臣之所见，盖特其小小者耳[9]，名曰云梦。云梦者，方九百里，其中有山焉。其山则盘纡岪郁[10]，隆崇嵂崒[11]，岑崟参差[12]，日月蔽亏[13]。交错纠纷，上干青云[14]；罢池陂陁[15]，下属江河[16]。其土则丹、青、赭、垩，雌黄、白坿[17]，锡、碧、金、银[18]，众色炫耀，照烂龙鳞[19]。其石则赤玉、玫瑰，琳，瑉、昆吾[20]；瑊玏、玄厉、碝、碔砆[21]。其东则有蕙圃：衡、兰、芷、若[22]，芎䓖、菖

[1] 脚麟：《史记索隐》："司马彪曰：'脚，掎也。'《说文》曰：'掎，偏引一脚也'。""脚麟"是言拽住麟的后腿。麟：一种鹿类的动物。陆玑《毛诗草木鸟兽虫鱼疏》说："今并州界有麟，大小如鹿，非瑞应麟也。"

[2] 骛（wù）：奔驰。盐浦：海边盐滩。

[3] 鲜：本义为生鱼，引申为新鲜生肉。如《左传·襄三十年》："惟君用鲜，众给而已。"割鲜：指打猎休息时割所获禽兽之鲜肉烧而野食。染轮：指割鲜肉时血污车轮（因割时依车轮而悬挂之）。

[4] 中（zhòng）：指射到了目标上。

[5] 矜（jìn）：自负贤能。自功：自以为有功。

[6] 饶乐：富有乐趣。饶：富足。

[7] 宿卫：在宫中任值宿守卫之官。

[8] 有无：偏义复词，指宫禁苑囿中之所有。

[9] 特：仅仅。

[10] 盘纡岪（fú）郁：（山势）透迤曲折。

[11] 隆崇嵂崒（lü zú）：高峻奇险。嵂崒：山高危的样子。

[12] 岑崟（cén yín）：山高峻貌。

[13] 日月蔽亏：言山很高，有时把日月都遮挡住。"亏"指挡住了一部分。

[14] 干：抵，触，够着。

[15] 罢（pí）池：倾斜貌。陂（pō）陁：宽广貌。

[16] 属（zhǔ）：连接。

[17] 丹：朱砂。青：石青。均可作颜料。赭（zhě）：赤色的土。垩（è）白土。雌黄：与雄黄同类，又名石黄，即三硫化砷，可制颜料。白坿：石英。

[18] 碧：青绿色玉石。《说文》"碧，玉之青美者，从玉、石，白声"。《汉书》颜师古注"谓玉之青白色者"，乃误解字之结构所致。

[19] 照烂龙鳞：众色照耀，鲜亮如龙鳞。

[20] 玫瑰：火齐珠（颜师古注，《一切经音义》卷六）。或曰美玉，或曰石珠，或曰琅玕。胡绍煐《文选笺证》曰："琅玕亦珠也。……珠多以玉石琢成之。"则众说虽异，但亦相近。琳：玉名，或曰珠。胡绍煐曰："古珠皆以玉……名异而实同。"瑉（mín）：一种似玉的美石。昆吾：一种矿物石。

[21] 瑊玏（jiān lè）：一种次于玉的石。玄厉：一种纯黑色的可以用来磨刀的石。碝（ruǎn）：似玉的石。《文选》本篇郭璞注引张揖说："石之次玉者，白者如冰，半有赤色。"碔砆（wǔ fū）：即砆石，也是似玉的石。郭璞注："碔砆，赤地白采，葱茏白黑不分。"也作"武夫"。

[22] 衡：也作"蘅"，即杜蘅。芷：白芷。若：杜若。并为香草名。

蒲[1]，江蓠、蘼芜[2]，诸柘、巴苴[3]。其南则有平原广泽：登降陁靡[4]，案衍壇曼[5]；缘以大江[6]，限以巫山[7]。其高燥则生葴、菥、苞、荔[8]，薛、莎、青薠[9]；其埤湿则生藏莨、蒹葭[10]，东蘠、彫胡[11]，莲藕、觚卢[12]，菴闾、轩于[13]。众物居之，不可胜图[14]。其西则有涌泉、清池：激水推移，外发芙蓉菱华[15]，内隐钜石白沙[16]；其中则有神龟、蛟鼍[17]、瑇瑁、鳖鼋[18]。其北则有阴林巨树[19]：楩、楠、豫章[20]，桂、椒、木兰，檗、离、朱杨[21]，樝梨、梬栗[22]，橘、柚芬芳[23]；上则有鹓雏、孔、鸾[24]，腾远、射干[25]；其下则有白

---

[1] 芎䓖（xiōng qióng）：多年生草本，叶秋芹，秋开白花，根茎可入药。菖蒲：多年生草本，生于水边，叶上有脊，细长如剑形。

[2] 江蓠：一本作“茳蓠”，即大叶芎䓖。蘼芜：芎䓖的苗，叶有香气。

[3] 诸柘（zhè）：甘蔗。巴苴（jū）：巴蕉。

[4] 陁（yǐ）靡：邪长。郭璞注引司马彪曰：“陁靡，邪靡也。”

[5] 案衍壇曼：皆地势平宽貌。

[6] 缘：沿着。

[7] 限：界线，边缘。此处作动词用。巫山：在云梦泽一带。《舆地纪胜》曰：“阳台庙在汉川县南三十五里阳台山上，即宋玉为《高唐赋》处。”此巫山即阳台山。

[8] 葴（zhēn）：马蓝。菥（sī）：《汉书》作“析”，一种似燕麦的草。《广志》云：“凉州地生析草，皆如中国燕麦。”苞：一种草，与茅相似，可以用来织席、编履。荔：似蒲而小，根可制刷子。

[9] 薛：即萧，双声假借。张揖曰：“薛，藾蒿也。”莎（suō）：蒿的一种，其根叫香附子。一名雀头香。青薠：似莎而大，生长于江湖。

[10] 埤：通“卑”。《史记》集解本作“卑”。卑湿：低湿。藏莨（zāng làng）：狼尾草。俗名狗尾巴草。蒹（jiān）：荻苇。葭（jiā）：芦苇。

[11] 东蘠（qiang），水蓼。“蘠”，《史记》作“薔”。其结实形尖而扁，似葵子，可食。彫胡：菰米。

[12] 觚（gū）卢：《史记》作“菰卢”，音义同。方以智《通雅》以为指菰茭、芦笋。

[13] 菴（ān）闾：青蒿。《政类本草》卷六引《图经》：“菴闾子，春生，苗叶如艾蒿，高三二尺。七月开花，八月结实。”又云：“菴，草屋也。闾，里门也。此草乃蒿属，老茎可以盖覆庵闾，故以名之。”轩于：莸草（《史记集解》引《汉书音义》说）。《证类本草》卷十一引陈藏器说：“莸草，生水田中，似结缕，叶长，马食之。”李时珍《本草纲目》卷十六：“茎颇似蕙而臭。”

[14] 不可胜图：数不胜数。图：计。《公羊传·庄十三年》：“君不图与？”注：“图，计也。”

[15] 外：指池水表面。发：开放。菱华：菱的花，色白，四瓣。

[16] 内：涌泉清池之内。钜：同“巨”。

[17] 蛟：古代传说中的无角龙。鼍（tuó）：一名鼍龙，又名猪婆龙。四足，背尾有鳞甲，似蜥蜴而身大，体长六尺至丈余，力猛，皮可以蒙鼓。

[18] 瑇瑁（dài mào）：爬行动物，形状像龟，产于热带海中，甲壳可以作装饰品。鼋（yuán）：大鳖，背青黄色，头有疙瘩，俗称癞头鼋。

[19] 阴林：幽深的树林。

[20] 楩（pián）：即今黄楩木，长于南方，质地坚密，为建筑良材。豫章：木名，樟类良材。

[21] 檗（bò）：黄蘗。皮可作颜料。离：山梨。《尔雅》：“梨，山樆。”《玉篇》：“樆，山梨也。”郝懿行曰：“梨生人家者梨，生山中者名樆。”《说文》无“樆”字，当作“离”。朱杨：河柳，也叫“柽”；高丈余，夏秋两季开红白小花。

[22] 樝（zhā）：同“楂”。即今铁梨，果实黄赤而圆，肉坚，酸涩，入汤煮熟则甜滑。梬（yǐng）栗：又名梬枣、丁香柿。似柿子而小，甘陇一带叫软枣。

[23] 柚（yòu）：常缘灌木，果实与橘、橙相类而较大，色正黄、皮厚。

[24] 其上：承接上文，指树上。“有”字下五臣本有“赤猿玃猱”，《史记》作“赤猨蠼蝚”。鹓（yuān）：鸾凤之属。孔：孔雀。鸾：鸾鸟。此处皆借以言云梦北部森林中奇禽异兽人所罕见者尽有之。

[25] 腾远：一种善于凭借树枝等凌空腾跃的猿类。“腾远”即“腾猿”，“猿”“远”字相近。射（yè）干：郭璞注，“似狐，能缘木。”法云《翻译名义·畜生篇》曰：“悉伽罗，此云野干，似狐而小，形色青黄，如狗，群行，夜鸣如狼。”

虎、玄豹，蟃蜓、貙豻[1]。于是乎乃使剸诸之伦[2]，手格此兽[3]。楚王乃驾驯駮之驷[4]，乘雕玉之舆[5]；靡鱼须之桡旃[6]，曳明月之珠旗[7]；建干将之雄戟[8]，左乌号之雕弓[9]，右夏服之劲箭[10]。阳子骖乘[11]，孅阿为御[12]，案节未舒，即陵狡兽[13]。蹴蛩蛩[14]，辚距虚[15]；轶野马，轊騊駼[16]；乘遗风[17]，射游骐[18]，倏眒倩浰[19]。雷动猋至[20]，星流霆击[21]。弓不虚发[22]，中必决眦[23]；洞胸达掖，绝乎心系[24]。获若雨兽[25]，掩草蔽地[26]。于是楚王乃弭节徘徊[27]，翱翔

---

[1] 蟃（wàn）蜓：据《广韵》，字当作"獌蜓"。郭璞曰："大兽似狸，长一寻（按：原作"长百寻"，盖传抄之误。孙俩云："獌蜓，大兽名，长八尺。"八尺即一寻）。貙豻（chū àn）：一种猛兽名。

[2] 剸（zhuān）诸：即专诸（？—公元前515），春秋时吴国猛士，曾替吴公子光刺杀吴王僚。

[3] 手格：空手搏击。格：搏击。

[4] 驯駮之驷：四匹驯服的毛色不纯的马。驯：驯服。駮：同"驳"，毛色不纯的马。驷：合驾一车的四匹马。

[5] 雕玉之舆：雕刻精致、上面镶嵌有玉石的车子。

[6] 靡：同"麾（huī）"义同"挥"。鱼须之桡（náo）旃（zhān）：鱼须喻旗上缘之旒穗。桡：曲。旃：曲柄的旗。

[7] 曳（yè）：摇。明月之珠旗：以明月珠为缀饰的旗。

[8] 建：竖起。干将：刀剑锋利的样子。《广雅疏证·释器》："干将为利刃之貌，故又为剑戟之通称。……自《吴越春秋》以干将为吴人，遂致纷纷之说。"古者工匠勒其名于器具之上，干将当是著名工匠之名号，后遂成善铸剑戟者之通名和名剑之名。也仍用以之形容剑戟锋刃之利。

[9] 乌号（háo）：本是柘木之名，因以称柘木做成的弓。柘木密致坚韧，所做的弓弹性好而力大。又因其木色黄，木汁可染赤黄色，故传说黄帝之弓为"乌号之弓"。雕弓：上面刻有花纹图案的弓。

[10] 夏服之劲箭：夏后氏之利箭。夏后氏有良弓名繁弱，其矢亦良。服：箭袋。"夏服之劲箭"：意为夏后氏箭袋中装的利箭。

[11] 阳子：孙阳。字伯乐，秦穆公之臣，善御。骖乘：陪乘。

[12] 孅（xiān）阿：古之善御者，又传说是月御。

[13] "案节"二句：言尚未完全放开奔驰，即已陵轹狡捷的野兽。案节：指马行缓慢而有节奏。未舒：未展开奔驰。陵：陵轹，从上面辗过去。

[14] 蹴（cù）：踢。蛩（qióng）蛩：传说中兽名，《史记》作"邛邛"。《汉书》注，引张揖曰："蛩蛩，青兽，状如马。"

[15] 辚（lìn）：辗。距虚：野兽，驴骡之属。

[16] "轶（yí）野马"二句：超越野马、騊駼，以车轴撞击之。两句互文见义。轶：超越。轊（wèi）：车轴头，此处用为动词。騊駼：《字林》云："北狄良马也。一曰野马也。"古所谓"天马"，即指未经驯养的野马。

[17] 遗风：千里马名。

[18] 骐（qí）：白色而有苍艾色花纹的马。游骐：非驯养之骐马。

[19] 倏眒（shū shēn）：奔逐迅速貌。如左思《蜀都赋》："鹰犬倏眒。"倩浰（qiàn lì）：迅疾貌。

[20] 猋（biāo）：疾风。今通作"飙"。

[21] 星流：形容追逐野兽的人马如流星一样快。霆：闪电。《汉书》作"电"。

[22] 弓：拉弓。

[23] 中（zhòng）必决眦（zì）：必射中其目，使其目眶绽裂。决：裂开。眦：目眶。

[24] "洞胸"二句：箭镞穿过胸部而从腋下射出，射断了连着心脏的经络。洞：贯穿。掖：同"腋"。心系：连着心脏的血脉经络。

[25] 获：收获。雨兽：形容野兽多得像下雨从天上掉下来一样，满地都是。

[26] 掩（yǎn）：遮盖。

[27] 弭（mǐ）节：按节徐行。

容与；览乎阴林，观壮士之暴怒，与猛兽之恐惧。徼𠜱受诎[1]。殚睹众物之变态[2]。”

“于是郑女曼姬[3]，被阿緆，揄纻缟[4]，杂纤罗，垂雾縠[5]，襞积褰绉[6]，纡徐委曲[7]，郁桡溪谷[8]。衯衯裶裶[9]，扬衪戌削[10]，蜚襳垂髾[11]。扶舆、猗靡[12]，翕呷萃蔡[13]；下摩兰蕙[14]，上拂羽盖[15]；错翡翠之葳蕤[16]，缪绕玉绥[17]。眇眇忽忽[18]，若神仙之仿佛。”

“于是乃相与獠于蕙圃[19]，媻珊、勃窣[20]，上乎金堤[21]；揜翡翠[22]，射

---

[1] 徼（jiào）：拦遮、截当。𠜱（jù）：疲极，此处指被追疲极的野兽。受诎：收取力尽不能再跑的禽兽。

[2] 殚（dàn）：尽。变态：指动物被猎获时的各种姿态。

[3] 郑女：郑国的女子。郑处南北商贾交会之地，其女善唱流行新曲。曼姬：即美女。曼：皮肤细腻的样子。如楚辞《天问》："平胁曼肤。"

[4] "被阿緆"二句言披着细缯和细布的上衣与披风，曳着纻麻布和细白生绢的长袖。被，同"披"。阿：细缯。緆（xī）：细布。揄（yú）：挥，曳。纻（zhù）：麻织成的布。缟（gǎo）：细白的生绢。

[5] 杂纤罗：装饰着细致的罗绮。雾縠（hú）：轻薄如云雾的薄纱。

[6] 襞（bì）积：衣裙上的褶子。褰绉（qiān zhòu）：缩叠。此指上下折叠成的褶裥。褰：提起，褶起。

[7] 纡（yū）徐委曲：形容衣裳上皱褶的纹理弯曲好看。纡徐：从容宽舒貌。委曲：曲折辗转貌。

[8] 郁桡溪谷：緆缟罗縠之属轻软多褶纹，有如布满溪谷。郁桡：深曲貌。

[9] 衯（fēn）衯裶（fēi）裶：衣长而飘动貌。"衯衯"义同"纷纷"；"裶裶"义同"蜚蜚"。此用以形容衣裙，故字从"衣"。

[10] 衪（yí）：衣裙之下缘。戌削：衣裙边缘整齐貌。

[11] 蜚襳（fēi xiān）：衣上长带随风飘起。蜚：同"飞"。襳：衣上装饰性长带。垂髾（shāo）：带端剪成燕尾形的丝线垂着。髾：本义为发尾，两边长，以帛续旒亦作燕尾形，衣带端之丝线也作燕尾形，因其形亦称之为"髾"。

[12] 扶舆、猗（yǐ）靡：衣裙摆动、体态婀娜之貌。《淮南子·修务》："今鼓舞者扶於猗那。"《上林赋》："垂条扶於。""扶舆"即"扶於"，"猗靡"即"猗那"。胡绍煐曰："枝条谓之扶於，亦犹猗那，故体态谓之扶舆，亦谓之猗靡。"

[13] 翕（xī）呷（xiā）萃蔡：因风吹和人行走衣服发出窸窸窣窣和哗啦哗啦的响声。张揖曰："翕呷，衣起张也；萃蔡，衣声也。"

[14] 摩：抚摸，摩擦。

[15] 羽盖：用羽毛缀饰的车盖。

[16] 错：错杂。翡翠：一种鸟。雄者羽为红色，名翡，雌者羽为绿色，名翠。葳蕤（wēi ruí）：繁盛的样子。这里是形容羽毛的头饰。

[17] 缪：此处同"缭"。绥（ruí）：本义为帽缨末稍部分（缨结于颔下，垂者名绥），此处指女子头上所饰缨绥，乃以玉珠串起缠绕而成。

[18] 眇（miǎo）眇：犹缈缈。众女以轻縠薄缟罩之，随意行走，衣带飘拂，如云如雾，故曰"缈缈忽忽"。

[19] 獠（liáo）：夜猎。此处指打猎。

[20] 媻（pán）珊、勃窣（bó sù）：皆谓摇摆缓行之貌（参胡绍煐说）。媻珊，同"蹒跚"。勃窣：匍匐而行，此处指有时身体失去平衡时以手扶地。

[21] 金堤：坚固的河堤。

[22] 揜（yǎn）：同"掩"。其义通"罨"，指网从上掩之以捕取。

䴔鸃[1]，微矰出[2]，纤缴施[3]。弋白鹄[4]，连驾鹅[5]；双鸧下[6]，玄鹤加[7]。怠而后发[8]，游于清池。浮文鹢[9]，扬桂栧[10]；张翠帷，建羽盖；罔瑇瑁[11]，鉤紫贝[12]；摐金鼓[13]，吹鸣籁[14]；榜人歌[15]。流声喝[16]。水虫骇，波鸿沸[17]；涌泉起，奔扬会[18]。礧石相激[19]，硠硠礚礚[20]；若雷霆之声，闻乎数百里之外。将息獠者，击灵鼓[21]，起烽燧[22]；车按行，骑就队[23]；纚乎淫淫[24]，般乎裔裔[25]。"

"于是楚王乃登阳云之台[26]，泊乎无为[27]，憺乎自持[28]；勺药之和具[29]，

---

[1] 䴔鸃（jùn yí）：雉一类的鸟，其羽毛呈五彩。

[2] 微矰（zēng）：很细的系有生丝的短箭，射飞鸟所用。出：射出。

[3] 纤：原作"孅"，同"纤"。《史记》与五臣本作"纤"，今据改。缴（zhuó）：矰后所系生丝线。施（yì）：曳，延续，延展。

[4] 弋（yì）：用矰射。鹄（hú）：天鹅。

[5] 驾（jiā）鹅：野鹅。

[6] 鸧（cāng）：鸧鸹。一种水鸟，似鹤，苍青色。下：指被射下。

[7] 玄鹤：黑色的鹤。加：箭加于其身。

[8] 发：出发。

[9] 浮：指泛舟。文鹢：加彩绘雕饰的船。鹢（yí）：一种水鸟，似鹭而大，羽色苍白，善高飞。古代君王所乘船，其首有鹢首。后代以鹢为舟之代称。文：文彩。

[10] 扬桂栧（yì）：高举起桂木作的船桨。栧：同"枻"。"桂"原作"旌"，《史记》作"桂"。王念孙曰："'桂栧'谓以桂为楫，犹《楚辞》言'桂棹兮兰栧'也。'浮文鹢'，扬桂栧；张翠帷，建羽盖'，皆相对为文。"王说是，今据改。

[11] 罔：借为"网"。此处用为动词，用网捕。

[12] 鉤：钓。《史记》、《汉书》作"钓"。

[13] 摐（chuāng）：击。金鼓：钲，铙钹一类的乐器。

[14] 籁：萧。

[15] 榜人：船夫。榜：船。

[16] 流声：悠扬的歌声。喝（yè）：声音悲咽，嘶哑。此形容船夫所唱民歌，所谓"饥者歌其食，劳者歌其事"也。

[17] 波鸿沸：指天鹅、大雁之类的水鸟惊起叫着乱飞。波鸿：概指大雁之类的水鸟。此句与上"水虫骇"相对，上句言水中鱼鳖之类惊骇奔走，下句言水上的鸿鹄之类喧嚷乱飞。

[18]"涌泉"二句：指波涛相激荡而汇合。奔扬：指波涛（日本人中井积德说）。

[19] 礧（lěi）石：众石。礧：堆积。

[20] 硠硠礚礚（láng kē）：石头因水之冲击相撞的声。

[21] 灵鼓：一种六面鼓（见《周礼·地官·鼓人》郑玄注）。

[22] 起烽燧：燃起火把。烽指束草于长木之端者，燧指积薪，必要时点燃。古者"烽主昼，燧主夜。"此处偏指烽。

[23] 骑（jì）：备有鞍辔的马。此处指骑马者。就：归于。

[24] 纚（xǐ）：连属貌。淫淫：渐进貌。

[25] 般（pán）：逶迤延伸。裔裔：流行貌。

[26] 阳云之台：原作"云阳之台"。据《史记》、《汉书》及五臣本改。宋玉《大言赋》、《小言赋》皆作"阳云之台"。阳云之台即阳台，在云梦南巫山之下。

[27] 无为：指内心泰然无事。泊：恬淡貌。

[28] 憺：安静貌。今通作"澹"，安静无事之貌。自持：保持平静的心情。

[29] 勺药：即调和、调料（植物香料调味品的粉末）。文颖曰："五味之和也。"具：备。

而后御之。不若大王终日驰骋，曾不下舆，脟割轮焠[1]，自以为娱。臣窃观之，齐殆不如。于是齐王无以为应仆也。”

乌有先生曰：“是何言之过也！足下不远千里，来贶齐国[2]，王悉发境内之士，备车骑之众，与使者出畋，乃欲戮力致获[3]，以娱左右[4]，何名为夸哉！问楚地之有无者，愿闻大国之风烈[5]，先生之余论也[6]。今足下称楚王之德厚，而盛推云梦以为高，奢言淫乐[7]，而显侈靡，窃以为足下不取也。若必所言，固非楚国之美也；无而言之，是害足下之信也[8]。彰君恶，伤私义，二者无一可，而先生行之，必且轻于齐而累于楚矣。且齐东陼钜海[9]，南有琅玡[10]，观乎成山[11]，射乎之罘[12]；浮渤澥[13]，游孟渚[14]。邪与肃慎为邻[15]，右以汤谷为界[16]；秋田乎青丘[17]，彷徨乎海外；吞若云梦者八九于其胸中，曾不蒂芥[18]！若乃俶傥瑰伟[19]，异方殊类，珍怪鸟兽，万端鳞崒[20]，充牣其中[21]，不可胜记；禹不能名，卨不能计[22]。然在诸侯之位，不敢言游戏之乐，苑囿之大；先生又见客[23]，是以王辞不复[24]，何为无以应哉？”

---

[1] 脟（luán）：通“脔”。切成片状的鱼肉。轮焠（cuì）：在车轮间烤炙之。郭嵩焘曰：“‘脟割轮焠’，正谓割取脟，就轮间炙而食之。此盖以讥上‘割鲜染轮’之说也。”上句言“曾不下舆”，则郭说是也。

[2] 贶（kuàng）：惠赐。此处犹今言“赏光”。

[3] 戮（lù）力：并力、勉力。致获：获得野兽。

[4] 左右：左右之人。此处代指楚使子虚。

[5] 风烈：指美好的风俗和光辉的业绩。

[6] 先生之馀论：您先生很多高论中的一点。

[7] 奢言：大言。淫乐：过分的游乐活动。

[8] 害：妨害，损伤。信：诚实、信誉。

[9] 陼：同“渚”。钜：此处同“巨”。东陼钜海：东面以大海边为渚（犹言东临大海）。

[10] 琅玡（yá）：山名，在今山东诸城县东南五十里，其山三面为海，西南与陆地相连。

[11] 观：游观。成山：在今山东荣城县东。成山及上句的琅邪皆秦始皇二十八年巡行所至。

[12] 之罘（fú）：山名。三面环海，一径南通。在今山东烟台市以北。

[13] 渤澥（xiè）：指渤海。郭璞注引应劭曰：“渤澥，海别枝也。”即大海延伸入陆地中的部分。

[14] 孟渚：古泽薮名，在今河南商丘市东北。

[15] 邪：同“斜”。肃慎：古国名，在今黑龙江、吉林、辽宁诸省地域以内。

[16] 右：当为“左”字之误。古代言地域之左右前后，皆以面南时方位言之。李善注已指出其误。汤（yáng）谷：传说中日出处。此处指东面大海。

[17] 田：同“畋”，打猎。青丘：古国名，传说其地有九尾狐。胡绍煐、高步瀛以为指辽东、高丽一带地方，非是。今考定为今山东蓬莱以东之长岛。

[18] 蒂（dì）芥：比喻细小的东西。蒂：花、瓜果与枝茎相连的部分。芥：一种植物，其籽可用于榨油或碾作调味品，籽的颗粒很小。

[19] 俶傥（tì tǎng）：同“倜傥”，不平凡。瑰伟：谓事物珍贵奇异。

[20] 鳞崒（cuì）：如鱼鳞般集合至一起。

[21] 充牣（rèn）：充满。

[22] “禹不”二句：言其种类众多。传说禹任治水之事，别九州，“行相地宜所有以贡”（《史记·夏本纪》），广见博识。卨（xiè），典籍中也写作“契”，尧时任司徒之职，而司徒以测算为特长。

[23] 见客：被看作宾客。

[24] 辞：言词。复：回答。

【课堂讨论】

试评价两汉散体大赋在中国文学史上的地位。

【课后练习】

1．找出文中描写对立统一美的部分，并体会其作用。
2．分析《子虚赋》的艺术成就。

洛　神　赋（并序）[1]

曹　植

【提　示】

曹植（192—232），三国时魏国诗人，字子建，沛国谯县（今安徽亳县）人。曹操第三子。封陈王，谥思，世称陈思王。他是建安时期最负盛名的作家之一，南朝梁钟嵘《诗品》称为“建安之杰”。曹植一生以曹丕称帝为界，明显地分为前后两期。早年曾以才学为曹操所重视，几乎被立为太子。及曹丕为帝，遭猜忌，并受到压抑与迫害，终于在愤懑与苦闷中死去。这种生活遭遇，对他的创

图22　洛神，传说是伏羲氏之女宓妃，在洛水溺死而成洛水之神（顾恺之）（编者加）

---

[1] 据《三国志·魏书》曹植本传和曹植《赠白马王彪》诗序，曹植于黄初四年（公元223）朝京师，这篇赋当作于此年。选自《曹植集校注》。洛神，传说是伏羲氏之女宓（fú）妃，在洛水溺死而成洛水之神。

作有着深刻的影响。曹植早年随曹操南征北战，有强烈的功名事业心，早期的诗歌内容，表现了统一中国的雄心壮志。《白马篇》是他前期的代表作。后期以《赠白马王彪》、《杂诗》等为代表，暴露了政治斗争骨肉相残的残酷，表现了壮志不得施展的愤激不平之情。曹植善赋，《洛神赋》较著名。

黄初三年[1]，余朝京师[2]，还济洛川[3]。古人有言，斯水之神名曰宓妃。感宋玉对楚王说神女之事[4]，遂作斯赋。其辞曰：

图 23 **洛神——翩若惊鸿，婉若游龙**（顾恺之）（编者加）

余从京域，言归东藩[5]。背伊阙[6]，越轘辕[7]，经通谷[8]，陵景山[9]。日既西倾，车殆马烦[10]。尔乃税驾乎蘅皋[11]，秣驷乎芝田[12]，容与乎阳林[13]，流眄

[1] 黄初：魏文帝曹丕的年号。三年：应为四年。
[2] 朝京师：到京都洛阳朝见魏文帝。
[3] 济：渡。洛川：即洛水，源出陕西冢岭山，入河南，经洛阳，入黄河。
[4] 宋玉：战国时楚国文人，作有《高唐赋》和《神女赋》。神女之事：指宋玉赋中写楚庄王与神女相接、相遇之事。一本无“说”字。
[5] 言：发语词。东藩：诸侯为王室屏藩，故称藩国。此时曹植被封为鄄城（今山东鄄城）王，在洛阳东北，所以称东藩。
[6] 背：背离。伊阙：山名，在洛阳附近。
[7] 轘（huán）辕：山名，在河南偃师县东南，巩县西南，登封县西北。
[8] 通谷：地名，在洛阳东南。
[9] 陵：登。景山：山名，在河南偃师县南。
[10] 殆：通“怠”。烦：疲倦。
[11] 尔乃：相当于“于是就”。税驾：解马卸车。税：脱。蘅：杜蘅，一种香草。皋：泽。
[12] 秣：喂马。驷：一车四马，此处指驾车的马。芝田：种有芝草的田地。
[13] 容与：悠闲的样子。阳林：或作杨林，地名。

乎洛川[1]。于是精移神骇，忽焉思散。俯则未察，仰以殊观[2]。睹一丽人，于岩之畔。乃援御者而告之曰[3]:“尔有觌于彼者乎[4]？彼何人斯[5],若此之艳也？”御者对曰:“臣闻河洛之神，名曰宓妃。然则君王所见[6]，无乃是乎？其状若何？臣愿闻之。”

余告之曰：其形也，翩若惊鸿，婉若游龙[7]。荣曜秋菊，华茂春松[8]。仿佛兮若轻云之蔽月，飘摇兮若流风之回雪[9]。远而望之，皎若太阳升朝霞；迫而察之[10]，灼若芙蕖出渌波[11]。襛纤得衷[12]，修短合度[13]。肩若削成，腰如束素[14]。延颈秀项[15]，皓质呈露[16]，芳泽无加[17]，铅华弗御[18]。云髻峨峨[19]，修眉联娟[20]。丹唇外朗，皓齿内鲜。明眸善睐[21]，靥辅承权[22]。瑰姿艳逸[23]，仪静体闲[24]。柔情绰态[25]，媚于语言[26]。奇服旷世[27]，骨像应图[28]。披罗衣之璀粲兮[29]，珥瑶碧之华琚[30]。戴金翠之首饰[31]，缀明珠以耀躯[32]。践远游之

---

[1] 流眄（miǎn）：转动目光。
[2] 殊观：特殊景象。
[3] 援：拉。御者：车夫。
[4] 觌（dí）：见。
[5] 斯：语助词。
[6] 君王：对王者的尊称，此处指曹植。
[7]“翩若”二句：写洛神如惊鸿翩翩、游龙婉转，体态轻盈，动作柔和。
[8]“荣曜”二句：以秋菊的荣光和春松的华茂比喻神女。
[9]“仿佛”二句：写洛神忽隐忽现，如轻云遮蔽的皎月；行迹不定，如流风卷起的白雪。
[10] 迫：近。
[11] 灼：鲜明。芙蕖：荷花。渌（lù）：清澈的水波。
[12] 襛：肥。纤：细瘦。衷：同“中”。得衷：恰到好处。
[13] 修：长。
[14] 束：缠束。素：白色的绢。
[15] 延：长。颈、项：脖子。前叫颈，后叫项。
[16] 皓质：洁白的肤质。
[17] 芳泽：化妆用的膏脂。
[18] 铅华：化妆用的粉。弗御：不用。
[19] 云髻（jì）发髻浓密卷曲如云。峨峨：高貌。
[20] 联娟：亦作“连娟”，微微弯曲貌。
[21] 眸：瞳子。睐：顾盼。
[22] 靥（yè）：酒窝。权：通“颧”，颧骨。此句是说，有酒窝的两颊在颧骨的下面。
[23] 瑰姿：美好的姿态。
[24] 仪静：容止文静。体闲：体态娴雅。
[25] 绰：宽和。
[26] 媚：美好。
[27] 这句是说奇异的服饰为世上所少有。
[28] 骨像：骨骼相貌。应图：合乎图画。
[29] 璀粲：鲜明貌。
[30] 珥（ěr）耳环。此处作动词用，戴的意思。瑶碧：美玉名。华琚：有花纹的玉佩。
[31] 翠：翡翠。
[32] 缀：点缀。

文履[1]，曳雾绡之轻裾[2]。微幽兰之芳蔼兮[3]，步踟蹰于山隅[4]。于是忽焉纵体[5]，以遨以嬉[6]。左倚采旄[7]，右荫桂旗[8]。攘皓腕于神浒兮[9]，采湍濑之玄芝[10]。

余情悦其淑美兮[11]，心振荡而不怡[12]。无良媒以接欢兮[13]，托微波而通辞[14]。愿诚素之先达兮[15]，解玉佩以要之[16]。嗟佳人之信修兮[17]，羌习礼而明诗[18]。抗琼珶以和余兮[19]，指潜渊而为期[20]。执眷眷之款实兮[21]，惧斯灵之我欺[22]。感交甫之弃言兮[23]，怅犹豫而狐疑[24]。收和颜而静志兮[25]，申礼防以自持[26]。

于是洛灵感焉，徙倚彷徨[27]。神光离合[28]，乍阴乍阳[29]。竦轻躯以鹤立[30]，若将飞而未翔。践椒涂之郁烈[31]，步蘅薄而流芳[32]。超长吟以永慕兮[33]，声哀

---

[1] 践：指穿鞋。远游：一种鞋名。文履：有花纹的鞋。

[2] 曳：牵引。雾绡（xiāo）：轻纱。裾：衣前襟。

[3] 微：隐。蔼：盛貌，此处形容兰花芳香之浓。

[4] 踟蹰（chí chú）：徘徊。隅：角落。

[5] 纵体：轻举身体。

[6] 遨：游。嬉：戏。

[7] 旄（máo）：指用旄妆饰的旌旗。

[8] 桂旗：用桂木做竿的旗。

[9] 攘皓腕：捋开衣袖，露出洁白的手腕。浒：水边。

[10] 湍濑（tuān lài）：急流。玄芝：黑芝。

[11] 淑：善。

[12] 振荡：不平静。怡：悦。

[13] 接欢：接通欢情。

[14] 微波：水波，一说指目光。

[15] 诚素：真诚的心愿。

[16] 要：约。

[17] 嗟：表示叹美之辞。佳人：指洛神。信修：确实美好。

[18] 羌：发语词。习礼：熟悉礼法。明诗：知诗，此指善于辞令。

[19] 抗：举。琼珶（dì）美玉。和：答。余：我。

[20] 潜渊：指洛神在水中的居处。期：会。

[21] 执：持。眷眷：怀恋貌。款：诚。

[22] 斯灵：指洛神。

[23] 此句用郑交甫的故事。《韩诗内传》载：郑交甫在汉水旁，遇二女子，请求她们将玉佩赠给他，得之。但行过十步，却不见玉佩和二女子。弃言，指二女子背弃诺言。

[24] 狐疑：本指狐性多疑，此指疑惑、犹豫。

[25] 和颜：和悦的脸色。静志：安定心志。

[26] 申：即伸，展。礼防：礼法的约束。自持：自我控制。

[27] 徙倚：低回。彷徨：徘徊。

[28] 神光离合：指神女的身影散聚不定，时隐时显。

[29] 乍阴乍阳：时暗时明。

[30] 竦：通“耸”。

[31] 椒：花椒。郁烈：香气浓郁。

[32] 蘅：杜蘅。薄：草丛生。流芳：使芳气流动。

[33] 超：高。永慕：深长的爱慕。

厉而弥长[1]。尔乃众灵杂沓[2]，命俦啸侣[3]。或戏清流，或翔神渚[4]，或采明珠，或拾翠羽[5]。从南湘之二妃[6]，携汉滨之游女[7]。叹匏瓜之无匹兮[8]，咏牵牛之独处[9]，扬轻袿之猗靡兮[10]，翳修袖以延伫[11]。体迅飞凫[12]，飘忽若神[13]。陵波微步，罗袜生尘[14]。动无常则[15]，若危若安。进止难期[16]，若往若还。转眄流精[17]，光润玉颜。含辞未吐，气若幽兰。华容婀娜[18]，令我忘餐。

于是屏翳收风[19]，川后静波[20]，冯夷鸣鼓[21]，女娲清歌[22]。腾文鱼以警乘[23]，鸣玉銮以偕逝[24]。六龙俨其齐首[25]，载云车之容裔[26]。鲸鲵踊而夹毂[27]，水禽翔而为卫[28]。于是越北沚[29]，过南冈；纡素领[30]，回清扬[31]。动朱唇以徐言[32]，陈交接之大纲[33]。恨人神之道殊兮，怨盛年之莫当[34]。抗罗袂以掩涕

---

[1] 厉：激烈。弥：久长。

[2] 杂沓（tà）：众多。

[3] 命俦啸侣：呼唤朋友。

[4] 渚：水中高地。

[5] 翠羽：翠鸟的羽毛。

[6] 从：跟随。南湘之二妃：指湘水之神，舜的二妃娥皇和女英。

[7] 汉滨之游女：汉水之神。

[8] 匏瓜：星名，不与其他星相接。匹：配偶。

[9] 牵牛：星名。传说牵牛星和织女星是夫妇，隔天河相对。

[10] 袿（guī）：女子的上衣。猗靡：轻柔飘忽貌。

[11] 翳（yì）：遮掩。修：长。延伫：久立。

[12] 迅：疾。凫（fú）：一种水鸟，俗称野鸭。

[13] 若神：如同其他神仙。

[14] “陵波”二句：言洛神轻步在水上行走，罗袜好像扬起了尘雾。陵，升，此指在水上。微，轻微。

[15] 常则：一定的规则。

[16] 期：预料。

[17] 流精：流出神采。一说“精”当为“睛”，流睛，目光转动。

[18] 华容：美丽的容貌。婀娜：柔和美好的样子。

[19] 屏翳：神话传说中的风神。

[20] 川后：水神。

[21] 冯（píng）夷：水神。

[22] 女娲：女神名，传说她能造笙簧。

[23] 腾：升。文鱼：一种有翅能飞的鱼。警乘：警卫车驾。

[24] 銮：装在车上的铃。偕：俱，一同。逝，往。

[25] 俨（yǎn）：矜持庄重的样子。齐首：指龙头齐整。

[26] 云车：神以云为车。容裔：行进的样子。

[27] 鲸鲵（ní）：鲸鱼，雄为鲸，雌为鲵。夹毂（gǔ）：谓夹车而行。毂：车轮的中心部分，有圆孔，可插轴。

[28] 卫：护卫。

[29] 沚（zhǐ）：水中小洲。

[30] 纡（yū）：回。素领：白的颈项。

[31] 清扬：眉清目秀状。

[32] 徐：缓。

[33] 陈：陈述。纲：指纲常礼法。

[34] 此句是说，怨恨虽是少壮之时但不能如愿以偿。当，称心。

兮[1]，泪流襟之浪浪[2]。悼良会之永绝兮，哀一逝而异乡[3]。无微情以效爱兮[4]，献江南之明珰[5]。虽潜处于太阴[6]，长寄心于君王。忽不悟其所舍[7]，怅神霄而蔽光[8]。

于是背下陵高，足往神留[9]。遗情想像[10]，顾望怀愁[11]。冀灵体之复形[12]，御轻舟而上溯[13]。浮长川而忘反[14]，思绵绵而增慕[15]。夜耿耿而不寐[16]，沾繁霜而至曙。命仆夫而就驾，吾将归乎东路[17]。揽騑辔以抗策[18]，怅盘桓而不能去[19]。

【课堂讨论】

谈谈本文的语言美特点。

【课后练习】

1．为什么说《洛神赋》是赋的诗化？举例分析。

2．写一篇发言稿，阐述钟嵘为何将曹植称为“建安之杰”。

3．假如你爱上了一个人，请写一封情书表达你的感情。

---

[1] 抗：举。袂（mèi）衣袖。掩涕：掩面流泪。
[2] 浪浪：流泪貌。
[3] 逝：往。异乡：不同的地方。
[4] 微情：微末的情感。效爱：表示爱慕。
[5] 明珰：用明珠做成的耳环。
[6] 太阴：众神所居之地，此指洛神住的地方。
[7] 舍：止。
[8] 霄：通“消”。蔽光：隐蔽光彩。
[9] 这句是说，身体往前走了，而心神还留在那里。
[10] 遗：遗留。想像：回想洛神以及同她相遇时的情景。
[11] 顾望：回头观望。
[12] 冀：希望。灵体：指洛神。复形：再现。
[13] 御：驾驶。溯：逆水而行。
[14] 长川：指洛水。反：返。
[15] 绵绵：连续不断。
[16] 耿耿：形容有心事。
[17] 东路：指返回封地鄄城的道路。
[18] 騑（fēi）：车前驾在辕马两旁的马。辔：马缰绳。抗策：举起马鞭。
[19] 盘桓：徘徊。

典论·论文[1]

曹丕

【提　示】

曹丕（187—226），即魏文帝。字子恒，曹操的次子，沛国谯县（今安徽亳县）人。建安十六年（公元 211）为五官中郎将，二十二年（公元 217）立为魏太子，二十五年（公元 220）废汉献帝自立，在位七年。曹丕生活的时期主要是在天下三分的局势既定之后。在相对安定的环境里，过着贵公子和帝王生活，因此，他的文学创作反映的内容远不及曹操丰富。曹丕的五言诗和七言诗成就较高。《燕歌行》是现存最早的完整的文人七言诗，对七言诗形成是有贡献的。他也擅长散文，文辞清丽，通脱自然，对后来短篇抒情散文的发展有影响。他还著有《典论》一书，全书已佚，今存《自叙》、《论文》两篇，对后代的文学批评的发展有较大影响。著有《魏文帝集》。

图 24　魏文帝曹丕也颇具文采（叶雄）(编者加)

文人相轻，自古而然。傅毅之于班固[2]，伯仲之间耳[3]，而固小

[1] 《典论》，曹丕未为帝时所著，约于建安二十二年（公元 217）完成。原共二十篇，唐宋时散佚，今存较为完整的仅二篇：一为《论文》，见梁萧统编《昭明文选》；一为《自叙》，见《三国志·魏志·文帝纪》裴松之注。“典”为“法则”“制度”之意。“典论”是对各种法则、制度的论说。古人所谓“文”的范围比较大，包括文学作品、学术著作、应用文书等文字制作。

[2] 傅毅（公元？—89）：字武仲，东汉文学家，曾为兰台令史，和班固一起校理书籍。班固（公元 32—92）：字孟坚，东汉著名历史学家、文学家，著有《汉书》、《两都赋》等。

[3] 伯仲：兄弟。本句比喻水平相差不多。

之[1]，与弟超书曰[2]：“武仲以能属文为兰台令史[3]，下笔不能自休[4]。”夫人善于自见[5]，而文非一体[6]，鲜能备善[7]，是以各以所长，相轻所短。里语曰[8]：“家有弊帚，享之千金[9]。”斯不自见之患也。

今之文人，鲁国孔融文举[10]，广陵陈琳孔璋[11]，山阳王粲仲宣[12]，北海徐干伟长[13]，陈留阮瑀元瑜[14]，汝南应玚德琏[15]，东平刘桢公幹[16]，斯七子者，于学无所遗，于辞无所假[17]，咸以自骋骥騄于千里[18]，仰齐足而并驰[19]。以此相服[20]，亦良难矣[21]。盖君子审己度人[22]，故能免于斯累而作论文[23]。

王粲长于辞赋，徐幹时有齐气[24]，然粲之匹也[25]。如粲之《初征》、《登楼》、《槐赋》、《征思》[26]，幹之《玄猿》、《漏卮》、《圆扇》、《橘赋》[27]，虽张、蔡

[1] 小：小看、贬低。

[2] 超：即班超（公元32—102），字仲升，班固之弟，曾立功西域，封定远侯。

[3] 属：缀辑，此指写作。兰台：汉代宫中藏书之处，设令史若干人典校图籍，管理劾奏等文书档案。傅毅与班固都曾为兰台令史。

[4] 休：止。本句指文章写得冗长，自己收不住笔。

[5] 自见：看见自己的长处。

[6] 体：文章体裁。

[7] 鲜：少。备善：指各种文章全都写得很好。

[8] 里语：里巷间俗语，民间谚语。

[9] “家有”二句：自己家里有把破笤帚，看得相当于千金价值。享：当。

[10] 孔融：（公元153—208）字文举，鲁国（今山东曲阜）人，曾任北海相，后为曹操所杀。著有《孔北海集》。

[11] 陈琳（公元？—217）字孔璋，广陵射阳（今江苏淮南东南）人，曾从袁绍，后归曹操，任司空军师祭酒，军国书檄多由他执笔。著有《陈记室集》。

[12] 王粲（公元177—217）：字仲宣，山阳高平（今山东金乡）人。曾依刘表，后归曹操，任军师祭酒，官至侍中。著有《王侍中集》。

[13] 徐幹（公元170—217）：字伟长，北海（今山东昌乐附近）人，曾任曹操司空军师祭酒。著有《中论》。

[14] 阮瑀（公元？—212）：字元瑜，陈留（今属河南）人，归曹操为司空军师祭酒。著有《阮元瑜集》。

[15] 应玚（yáng，公元？—217）字德琏，汝南（今属河南）人，曾为曹操丞相掾（yuàn）属。著有《应德琏集》。

[16] 刘桢（公元？—217）字公幹，东平（今属山东）人，曾为曹操丞相掾属。著有《刘公幹集》。

[17] “于学”二句：意谓学问渊博，没有遗漏、缺失；文章有独创性，不因袭、依赖他人。假，借。

[18] 咸：都。骋（chěng），纵马奔驰。骥騄（jì lù），能行驰千里的良马。

[19] 仰：靠。齐足而并驰：几匹马齐步奔跑。

[20] 相服：相互佩服。

[21] 良：诚、确实。

[22] 君子：有道德、学问、地位的人。审：仔细察看。度（duó）：衡量、估量。

[23] 斯累：这种毛病，指上述“文人相轻”等弊病。

[24] 齐气：班固《汉书 · 地理志》、王充《论衡 · 率性》都有齐地之人风气舒缓的说法。这里比喻徐幹的文风。

[25] 匹：匹配。指水平相当的人。

[26] “如粲”句：王粲的《初征赋》、《登楼赋》、《槐赋》均见《王侍中集》、严可均辑《全后汉文》，《征思赋》已佚。

[27] “幹之”句：徐幹的《玄猿赋》、《漏卮赋》、《橘赋》已佚，《圆扇赋》见严可均辑《全后汉文》。

不过也[1]。然于他文，未能称是[2]。琳、瑀之章表书记[3]，今之隽也[4]。应场和而不壮，刘桢壮而不密。孔融体气高妙[5]，有过人者[6]，然不能持论，理不胜辞[7]，以至乎杂以嘲戏。及其所善，扬、班俦也[8]。

常人贵远贱近[9]，向声背实[10]，又患暗于自见，谓己为贤。夫文本同而末异[11]，盖奏议宜雅[12]，书论宜理[13]，铭诔尚实[14]，诗赋欲丽[15]。此四科不同[16]，故能之者偏也[17]；唯通才能备其体[18]。

文以气为主[19]，气之清浊有体[20]，不可力强而致[21]。譬诸音乐，曲度虽均[22]，节奏同检[23]，至于引气不齐[24]，巧拙有素[25]，虽在父兄，不能以移子弟[26]。

盖文章，经国之大业[27]，不朽之盛事。年寿有时而尽，荣乐止乎其身[28]，

---

[1] 张、蔡：张衡（公元 78—139）、蔡邕（公元 132—192），都是东汉著名文学家，长于辞赋。不过：不能超过。

[2] “然于”二句：但王粲、徐幹其他文体的作品写作水平，不能和他们的辞赋成就相当。是：这。

[3] 章表：古代臣属对君上的上行文之体。《文心雕龙·章奏》云：“汉定仪制，观有四品：一曰章，二曰奏，三曰表，四曰议。章以谢恩，奏以按劾，表以陈情，议以执异。”书记：书信等表示意见的文书。《文心雕龙·书记》云：“详总书体，本在尽言”“记之言志，进己志也。”

[4] 隽：俊，杰出。

[5] 体气：指文章的风格、气质。

[6] 过人：超过别人。

[7] 理不胜辞：说理不及辞采。

[8] 扬、班：指扬雄（公元前 53—公元 18）和班固。扬雄为西汉著名学者、文学家。俦：并列，同等人物。

[9] 常人：普通人。贵远贱近：看重古代人，轻视近世人。

[10] 向声背实：向往名声，不看实际。

[11] 本同而末异：本，树木的根干；末，树木的枝梢。本句意谓各体文章的基本原则是共同的，而表现形式则各有特征。

[12] 奏议：古代臣属向君主进言的文章。

[13] 书论宜理：文书和论说文应该明白透彻而有条理。一说，此“书”指子书之类的理论著作。

[14] 铭：刻在器物、铜或石上表示颂扬或以示警戒的一种文体。诔（lěi）悼念、称颂死者生前事迹的一种文体。

[15] 丽：文采华丽，亦作“俪”。刘勰《文心雕龙》有《丽辞》篇，即是专论骈俪文辞的。

[16] 四科：指上述奏议、书论、铭诔、诗赋四大类文体。

[17] 偏：指有所偏长。

[18] 通才：全才。备其体：兼擅各体之文。

[19] 气：指作者气质、才气，表现在作品中便成为气势、风格。

[20] 清浊：清峻高明之气与沉浊低暗之气。

[21] 力强：用力勉强。致：达到、得到。

[22] 曲度：曲调。均：同。

[23] 检：法度。

[24] 引气：指人歌唱时的行腔运气。

[25] 素：指人的素质。

[26] 移子弟：转移给子弟。

[27] 经国：治理国家。

[28] “荣乐”句：荣华和快乐只限于自己一身享有。

二者必至之常期[1]，未若文章之无穷。是以古之作者，寄身于翰墨[2]，见意于篇籍[3]，不假良史之辞[4]，不托飞驰之势[5]，而声名自传于后。故西伯幽而演《易》[6]，周旦显而制《礼》[7]，不以隐约而弗务[8]，不以康乐而加思[9]。夫然则古人贱尺璧而重寸阴[10]，惧乎时之过已。而人多不强力[11]，贫贱则慑于饥寒[12]，富贵则流于逸乐[13]，遂营目前之务而遗千载之功[14]。日月逝于上，体貌衰于下，忽然与万物迁化[15]，斯志士之大痛也。融等已逝[16]，唯幹著论，成一家言[17]。

【课堂讨论】

你是否认同“文章是经国大业，不朽盛事”这一观点?

【课后练习】

1．如何理解“文以气为主”？

2．讨论《典论 · 论文》对后代文学批评的影响。

---

[1] “二者”句：年寿和荣乐都有必然达到终点的一定期限。

[2] 寄身：犹言“从事”。翰墨：毛笔和墨，指写作。

[3] 见：同“现”，表现。篇籍：篇章书籍，指作品。

[4] 假：假借、凭靠。良史之辞：优秀的历史家的记载。

[5] 飞驰之势：飞黄腾达的权势。

[6] 西伯：周文王姬昌，曾被殷纣王封西方诸侯领袖，故称西伯。幽：囚禁。姬昌曾被殷纣王长期拘囚于羑（yǒu）里。演：推演，发展，扩充。《易》也称《周易》或《易经》，原是古代一种占卜用的书，其中蕴有丰富的哲理，后为儒家主要经典之一。

[7] 周旦：周公姬旦，周武王之弟，西周开国大臣。显：有地位与名声。制《礼》：相传西周王朝礼制都是周公制定的。

[8] 隐约：穷困。弗务：不去做。

[9] 加思：改变心思。

[10] 璧：圆形玉片，中有圆孔。尺璧：直径一尺长的玉璧。寸阴：指很短暂的光阴。语本《淮南子 · 原道》：“圣人不贵尺之璧，而重寸之阴，时难得也。”

[11] 强力：努力。

[12] 慑（shè）于饥寒：受饥寒的威协。慑：恐惧。

[13] 流：放纵。

[14] 营：经营。遗：丢弃。千载之功：不朽的功业，指文章著作。

[15] 迁化：迁移变化，指人体死亡。

[16] 融等已逝：孔融等人已经逝世。

[17] “唯幹”二句：只有徐幹著《中论》一书，自成有体系的一家学说。

第三讲

魏晋南北朝诗文

赠兄秀才入军（其十四）[1]

嵇　康

【提　示】

嵇康（223—262），字叔夜，谯郡铚县（今安徽宿州）人。魏末时期著名的诗人与音乐家，是“竹林七贤”的领袖人物，也是当时玄学的代表人物。曾任

图 25　竹林七贤之一嵇康（编者加）

[1] 《赠兄秀才入军》组诗共十九首，其中四言十八首，五言一首。“秀才”是嵇康的哥哥嵇喜，曾举秀才（地方上推荐的优秀人才），晋朝建立后到扬州做刺史。入军即从军。这一首写行军休息的情景和入军后的闲适心情，都是抒发作者的想象，并非实写。

中散大夫，世称嵇中散。他为人“意趣疏远，心性放达”，为当时三千太学生的精神领袖；但也“刚肠疾恶，轻肆直言，遇事便发”，得罪了不少权贵。因而既使统治者忌惮，又使时人怀恨，后来司马氏以“乱群惑众”的罪名将他杀害。他的创作主要是诗歌和散文，其诗风峻切，以四言为主。

息徒兰圃[1]　秣马华山[2]。
流磻平皋[3]，垂纶长川[4]。
目送归鸿，　手挥五弦[5]。
俯仰自得，　游心太玄[6]。
嘉彼钓叟，　得鱼忘筌[7]。
郢人逝矣，　谁与尽言[8]。

【课堂讨论】

诗人借用“郢人”的典故，为了说明什么样的道理?

【课后练习】

1. 这首诗是作者赠给他哥哥的，其中大部分的想象，传达出了诗人的人生志向与追求，对此试分析。

2. 诗人峻切的诗风与当时政治形势和他个人性格、经历有什么样的关系?这与他喜欢选用四言诗体形式有什么内在联系?

3. 回忆并叙述自己初次离开家乡到外地求学时的所见所想。

---

[1] 徒：步卒。兰圃：有兰草的野地。

[2] 秣马：喂马。华山：有花草的山。

[3] 磻（bō）：用生丝系在箭上射鸟叫弋，箭绳一端系石块叫磻。皋：水边平地。

[4] 纶：钓丝。

[5] 五弦：古代乐器的一种，形似琵琶而略小。

[6] 太玄：即道家所认为的大道，宇宙的本体。

[7] 筌（quán）：捕鱼的竹器。《庄子·外物》：“筌者所以在鱼，得鱼而忘筌。”

[8] 《庄子·徐无鬼》中，一个技艺高超的石匠，让他的一个朋友，郢地人，在鼻子尖上涂上薄薄的一层石灰，然后挥斧运风，削去石灰，郢人却丝毫没有损伤，借此表现他的高明，可是后来郢人死了，他再找不到与他合作表演的人了。

咏 怀（其七十一）[1]

阮 籍

【提 示】

阮籍（210—263），三国时魏诗人。字嗣宗，陈留尉氏（今属河南）人。魏末“竹林七贤”之首，正始中期玄学的代表人物。曾任步兵校尉，世称阮步兵。为人志气宏放，博览群书，尤好老庄之学。他蔑视礼法，仇恨社会黑暗，因而常常表现出放浪形骸的一面，且遗落世事，嗜酒成癖。为全身远祸，其内心苦闷尽在诗文中发泄。代表诗作《咏怀》共八十二首，为其一生苦闷而无从解脱的表白，另有散文九篇、赋六篇。

图 26　竹林七贤之二阮籍

木槿荣丘墓[2]，　　煌煌有光色。
白日颓林中，　　翩翩零路侧。

[1] 《咏怀》共八十二首，多数为阮籍抒发内心对现实的不满与忧愤的作品，但这首体现出些许积极向上的气息。

[2] 木槿：古时所谓“日夕花”，其花朝而生，见阳而盛，日夕而陨，生命极短。

蟋蟀吟户牖，　　蟪蛄鸣荆棘[1]。
蜉蝣玩三朝，　　采采修羽翼[2]。
衣裳为谁施，　　俛仰自收拭。
生命几何时，　　慷慨各努力。

【课堂讨论】

阮籍在这首诗里深切感叹生命短暂，同时代的曹操也屡次在作品中体现出此种情绪，试讨论这种情绪与时代的内在关联。

【课后练习】

1. 诗人在诗中提到的一些动植物，它们的共同特点是什么？反映了作者怎样的情绪？

2. 对照曹操的《观沧海》、《步出夏门行》等诗，仔细体味诗人的深沉心境。

3. 学完《咏怀》，请谈一下自己的生命观。

[1] 蟋蟀、蟪蛄：两种昆虫，生命短促。在生命行将结束之时其鸣愈响愈悲。

[2] 蜉蝣：一种生命极短的生物。《诗·曹风·蜉蝣》“蜉蝣之羽，衣裳楚楚”“蜉蝣之翼，采采衣服。”

3. 移居（其二）[1]

陶渊明

【提　示】

陶渊明（365— 427），名潜，字元亮，东晋著名的文学家。浔阳柴桑（今江西九江西南）人，世称靖节先生，自称五柳先生。他心存忠义却不求仕进，身处闲远而寄情田园。性格寡淡，胸襟浩然，生活贫寒但能随缘自适，乐天安命而物我同得。其诗亦如其人，自一片真率中流出，不假雕饰而独得天然，不作豪壮而出心中块垒。用语寻常，只关乎耕酒，不染世情。和若春水流云，傲似秋松孤鸟，对中国知识分子影响巨大。

图 27　采菊东篱下　（范曾）（编者加）

春秋多佳日，　　登高赋新诗。
过门更相呼，　　有酒斟酌之。

---

[1] 陶渊明四十六岁时，因火灾搬家南村，《移居》二首记述他搬家以后的生活片段。

农务各自归，　　闲暇辄相思。
相思则披衣，　　言笑无厌时。
此理将不胜[1]，　　无为忽去兹。
衣食当须纪[2]，　　力耕不吾欺[3]。

【课堂讨论】

有人评论说陶渊明归隐全是由世事黑暗、官场腐败所致，试结合作者的内在性情，对这种观点给予客观评价。

【课后练习】

1. 这首诗体现了陶渊明怎样的性情与人生追求?

2. 诗人在《饮酒 · 结庐在人境》中说“此中有真意，欲辩已忘言”，试说明作者在田园生活中体味到的人生“真意”。

3. 用自己的语言描述出诗人闲散适心的田园生活画面。

[1] 将不胜：岂不美妙。
[2] 纪：料理。
[3] 不吾欺：“不欺吾”的倒装。

《世说新语》三则

刘义庆

【提　示】

刘义庆（403—444），彭城（今江苏徐州）人，南朝宋文学家。系宋宗室，袭封临川王任荆州刺史等官职，政绩颇佳。元嘉二十一年死于建康（今江苏南京）。刘义庆自幼才华出众，爱好文学。有《世说新语》及志怪小说《幽明录》。

图 28　卫玠墓

《世说新语》是一部笔记小说集，记载自汉魏至东晋士族阶层言谈轶事，反映士大夫们的思想生活和清谈放诞的作风，语言简练，文字生动鲜活。

王蓝田性急[1]

王蓝田性急[2]。尝食鸡子[3]，以箸刺之，不得，便大怒，举以掷地。鸡子于地，圆转未止，仍下地以屐齿碾之，又不得，瞋甚，复于地取内口中，啮破即吐之。王右军闻而大笑曰[4]："使安期有此性[5]，犹当无一豪可论，况蓝田邪？"

看杀卫玠[6]

卫玠从豫章至下都，人闻其名，观者如堵墙。玠先有羸疾[7]，体不堪劳，遂成病而死，时人谓"看杀卫玠"。

诸葛令女[8]

诸葛令女[9]，庾氏妇，既寡，誓云："不复重出[10]！"此女性甚正强，无有登车理。恢既许江思玄婚[11]，乃移家近之。初诳女云："宜徙于是。"家人一时去，独留女在后。比其觉，已不复得出。江郎莫来[12]，女哭詈弥甚[13]，积日渐歇。江虨暝入宿，恒在对床上。后观其意转帖，虨乃诈厌[14]，良久不悟，声气转急。女乃呼婢云："唤江郎觉！"江于是跃来就之，曰："我自是天下男子，厌，何预卿事而见唤邪？既尔相关，不得不与人语。"女默然而惭，情义遂笃。

[1] 选自《忿狷第三十一》。
[2] 王蓝田：王述。
[3] 鸡子：鸡蛋。
[4] 王右军：即王羲之。
[5] 安期：王蓝田的父亲王承。
[6] 选自《容止第十四》。
[7] 羸疾：身体羸弱。
[8] 选自《假谲第二十七》。
[9] 诸葛令：即诸葛恢。
[10] 重出：再嫁。
[11] 江思玄：即江虨。
[12] 莫：通"暮"。
[13] 哭詈（lì）：又哭又骂。
[14] 厌：做噩梦。

【课堂讨论】

魏晋是一个审美意识全面觉醒的时代，由于社会动乱，传统儒家思想的统治地位被颠覆，人们开始试着从人性本身去对人进行审美分析。试以课文中所举的三则故事及你所知道的魏晋故事为例，分析这一现象，并讨论这种现象对后世文学的发展以及审美的发展的影响。

【课后练习】

1．《世说新语 · 容止篇》所列诸人皆为男性，可见魏晋时期对男性容貌举止的重视。请翻阅其余诸篇，体味当时人们的审美兴趣及标准所在。

2．“假谲”是传统儒家所否定的一种品行，而作者对此却持一种什么样的态度?

3．以《卫玠之死》为题写一篇文章，体裁不限（诗歌除外）。

第四讲

唐宋诗、词、文

岁暮归南山[1]

孟浩然

【提　示】

孟浩然（689—740），襄州襄阳（今湖北襄樊）人，世称孟襄阳。生当盛唐，早年有用世之志，但政治上困顿失意，未曾入仕，又称之为孟山人。一生洁身自好，耿介不随，清白高尚，为时人和后世所倾慕。王维曾画他的像于郢州刺史亭内，题曰“浩然亭”，后人尊称“孟亭”。王维、李白、王昌龄都是他的好友，杜甫、皮日休等人也与他关系甚好。孟诗绝大部分为五言短篇，他是唐代第一位大量摹写山水的诗人，与王维并称“王孟”。

图 29　与自然“相看两不厌”是中国知识分子理想的生存状态（苏峰摄）(编者加)

[1] “为文三十载，闭门江汉阴”的孟浩然曾得到王维、张九龄等名士的称赞，已颇有诗名，约在开元十六（公元 728）年，四十岁的孟浩然踌躇满志地到都城长安应进士举，结果却落第，心情很苦闷，百感交集，写下此篇。

北阙休上书[1]，　　南山归敝庐[2]。
不才明主弃，　　多病故人疏。
白发催年老，　　青阳逼岁除[3]。
永怀愁不寐，　　松月夜窗墟。

【课堂讨论】

“南山”有什么含义？寄托了中国知识分子什么样的情怀？

【课后练习】

1．本诗表达了非常复杂的情感，试加以分析。
2．孟浩然的山水诗有什么主要特点？
3．假如你将应聘一份工作，请分别用口头、书面两种形式自荐。

[1] 北阙：古代宫殿北面的门楼，是臣子等候朝见或上书之处，也用作朝廷的别称。此处为双关语。

[2] 敝庐：自家的谦称。孟浩然家在襄阳城南郊外，砚山附近，汉江西岸，名曰“南园”或“涧南园”。

[3] 青阳：春日。

2. 辋川闲居赠裴秀才迪[1]

王　维

【提　示】

王维（701—761），字摩诘。原籍祁（今山西祁县），迁至蒲州（今山西永济）。20 岁中进士及第，为大乐丞，可谓少年得志。后在政治上的几经沉浮，使他既厌倦官场生活又恋栈怀禄，矛盾中其佛教信仰日益发展，长期过着半官半隐的生活。多才艺，尤其能诗善画，苏东坡评价“味摩诘之诗，诗中有画；观摩诘之画，画中有诗”，颇为中肯。其诗以山水诗成就最大，与孟浩然合称“王孟”。晚年专诚奉佛，故后世人称其为“诗佛”。

图 30　青山绿水中的研读佛学、思考人生造就了诗人王维（编者加）

寒山转苍翠，　　秋水日潺湲。
倚杖柴门外，　　临风听暮蝉。

[1] 辋川：水名，即辋谷水，在今陕西蓝田南，因诸水会合如车辋环凑故名。王维曾置别业于此，后集其田园所为诗，号《辋川集》。

渡头余落日，　　墟里上孤烟[1]。
复值接舆醉[2]，　狂歌五柳前[3]。

【课堂讨论】

宗教信仰对人有什么作用?

【课后练习】

1．这首诗是否体现了“诗中有画”的特点？试作分析。

2．这首诗表达的忘怀得失、诗酒自娱的情怀是颇有中国文化传统的经典情怀，其意义何在?

3．你和好友分别在即，请写几句赠语给他（她），要求富有个性，并切合你俩的经历、友情。

---

[1] 墟里：村落；孤烟：炊烟。此句化用陶渊明《归园田居》中的“暖暖远人村，依依墟里烟”。

[2] 接舆：春秋时代的楚国狂士，这里指裴迪。

[3] 五柳：陶渊明作有《五柳先生传》自况，此处王维以陶渊明自况。

李白诗二首

【提 示】

李白（701—762），字太白，号青莲居士。祖籍陇西成纪（今甘肃省静宁县成纪乡），隋朝末年迁徙到碎叶城（今吉尔吉斯斯坦北部托克马克附近），李白诞生于此。五岁时，举家迁入绵州彰明县（今四川江油）。一生豪气盖天，侠气仗义，喜漫游，好交友。虽然誉满京师，经推荐被皇帝召见，供奉翰林，曾有“御手调羹，贵妃捧砚，力士脱靴”的令人艳羡的经历，但终因权贵谗毁没有得到施展政治抱负的机会。他是唐代最杰出的一位文学家，与杜甫合称“李杜”。文学成就以诗为最，今存诗九百九十多首，题材广泛，形式多样，充满强烈的英雄主义、浪漫主义精神，人称“诗仙”。

古 风（其三十四首）[1]

羽檄如流星[2]，　虎符合专城[3]。
喧呼救边急，　群鸟皆夜鸣。
白日曜紫微[4]。　三公运权衡[5]。
天地皆得一，　澹然四海清[6]。
借问此何为？　答言楚征兵。
渡泸及五月[7]，　将赴云南征。
怯卒非战士[8]，　炎方难远行。
长号别严亲，　日月惨光晶。

---

[1] 《古风》共五十九首，是表现李白政治理想、人生感慨的重要诗篇。此诗针砭时弊。天宝十年（公元751），杨国忠当政，令益州长史鲜于仲通率精兵八万讨伐南诏（今云南大理），全军陷没。杨国忠谎报战功，又募两京（长安、洛阳）及河南北兵攻南诏，人们不肯应募，“杨国忠遣御史分道捕人，连枷送诣军所。……于是行者愁怨，父母妻子送之，所在哭声振野”（《通鉴·唐纪三十二》）。天宝十三年，剑南留后李宓率兵七万再征南诏，李宓被擒，全军覆没。

[2] 羽檄：调兵遣将的紧急文书。

[3] 虎符：调兵的凭据。用铜做成虎形，分两半，右半留京师，左半给地方，必须拿右半与左半验合，方可调兵。

[4] 白日：象征皇帝。紫薇：星座名，象征朝廷。

[5] 三公：唐朝以太尉、司徒、司空为三公，此指朝廷大臣。

[6] 澹然：安然。

[7] 泸：泸水，今云南金沙江。古人以为泸水多瘴气，五月才能过渡。

[8] 怯卒：被征募的人。

泣尽继以血，　　心摧两无声。
困兽当猛虎[1]，　穷鱼饵奔鲸[2]。
千去不一回，　　投躯岂全生！
如何舞干戚，　　一使有苗平[3]！

图 31　至今南诏古国仍民风淳朴（苏峰摄）（编者加）

【课堂讨论】

如何做到对时事加以客观、深刻地评说，从而正确地认识社会？

【课后练习】

1．李白在诗中表达出怎样的政治理想？
2．请找出诗中运用的修辞手法并分析其作用。
3．请针对当前的某种社会现象加以评论。

---

[1] 当：抵挡。

[2] 饵：喂。

[3] 舞干戚：舞者手里拿着盾、斧。干：古兵器，盾。戚：古兵器，斧头的一种。平：和平。《尚书·大禹谟》载，有苗叛乱，舜命禹去征伐，三旬也没有克服，于是改为修文治，使舞者拿着干、戚舞蹈，七旬以后，有苗来服。

沙丘城下寄杜甫[1]

我来竟何事？　　高卧沙丘城。
城边有古树，　　日夕连秋声。

图 32　性情迥异的李白、杜甫惺惺相惜（编者加）

[1] 沙丘城：在汶水附近。李白和杜甫在游梁宋时偶遇，引为同道，又同游东鲁，诗酒酬唱，过从甚密。

鲁酒不可醉，　　齐歌空复情[1]。
思君若汶水，　　浩荡寄南征。

【课堂讨论】

你认为应该怎样做，才能保持深厚、长久的友谊?

【课后练习】

1．本诗传达出的友情深厚、真挚，试分析作者是如何做到的。

2．找一首杜甫写给李白的诗对照阅读，分析其各自的表达技巧。

3．给你的朋友写一封电子邮件，内容不拘，但一定要包含你的想念之情。

[1] 这两句是说鲁酒、齐歌都不能打动自己，自己思念杜甫之心深切、哀伤。鲁酒：鲁地的酒，薄酒。春秋楚国大会诸侯时，鲁国、赵国都向楚王献酒。管酒的官吏私向赵国讨酒，赵国不与，官吏大怒，把鲁酒代替赵酒献给楚王。楚王误以为赵酒薄，便包围了赵国的国度邯郸。庾信《哀江南赋序》："鲁酒无忘忧之用。"

杜甫诗二首

【提　示】

杜甫（712—770），字子美，自号少陵野老，杜少陵。原籍湖北襄阳，生于河南巩县（现巩义市）。祖父为初唐著名诗人杜审言。由于家庭富裕，青壮年时专心于读书、游历，确立了“致君尧舜上，再使风俗淳”的宏伟抱负，可惜困顿都城十年才获得右卫率府胄曹参军的小职，无法实现其“仁政”理想。尤其“安史之乱”发生后，杜甫颠沛流离于西南间，生活时而安定、时而困窘。多难的生活成就杜甫为唐代最杰出的一位文学家。最难能可贵的是，无论在何种情况下，杜甫忧国忧民之心都不减，加上他人格高尚、诗艺精湛，被人们奉为“诗圣”。其诗充满强烈的爱国主义与现实主义情怀。

戏为六绝句[1]

庾信文章老更成[2]，　凌云健笔意纵横。
今人嗤点流传赋[3]，　不觉前贤畏后生。

王杨卢骆当时体[4]，　轻薄为文哂未休[5]。
尔曹身与名俱灭[6]，　不废江河万古流。

纵使“卢王操翰墨[7]，　劣于汉魏近风骚”。
龙文虎脊皆君驭[8]，　历块过都见尔曹[9]。

才力应难跨数公，　凡今谁是出群雄。
或看翡翠兰苕上[10]，　未掣鲸鱼碧海中。

---

[1] 作于上元二年（公元761年）。以绝句论诗，此为开创，也最有影响。每首诗谈一个话题，组合起来形成一个完整的艺术见解。

[2] 庾信：南北朝时期著名的诗人，善作宫体诗，风格华艳。

[3] 嗤点：嗤笑、指指点点。

[4] 王杨卢骆：指初唐四杰王勃、杨炯、卢照邻、骆宾王。

[5] 哂：嘲笑。

[6] 尔曹：代词，汝辈，你们。

[7] 卢王：概指四杰。

[8] 龙文虎脊：龙文、虎脊都是毛色斑驳的骏马，此处比喻瑰丽的文彩。

[9] 历块过都：指历田野、过城市，经过很长的距离。见尔曹：见出高下。

[10] 翡翠兰苕：语本郭璞《游仙诗》“翡翠戏兰苕，容色更相鲜”，此指形式主义文风。

图 33　杜甫草堂因诗人扬名（编者加）

不薄今人爱古人，　　清词丽句必为邻。
窃攀屈宋宜方驾[1]，　　恐与齐梁作后尘[2]。

未及前贤更勿疑，　　递相祖述复先谁[3]？
别裁伪体亲风雅[4]，　　转益多师是汝师。

【课堂讨论】

文学作品打动人、鼓舞人的诀窍在哪里？

【课后练习】

1. 从这组诗看，杜甫推崇什么样的作家？提倡什么样的文风？
2. 在这组诗中，杜甫主张用什么方法提高文学创作水平？
3. 选取你专业学科中你最感兴趣的一个理论或现象，用文学的形式加以介绍。

---

[1] 屈宋：指屈原、宋玉为代表的《楚辞》。
[2] 齐梁：指齐梁时期淫靡萎弱的文风。
[3] 递相祖述：因袭成风。
[4] 别裁：鉴别裁定优劣，决定取舍。

琴 台

茂陵多病后[1]，尚爱卓文君[2]。
酒肆人间世[3]，琴台日暮云。
野花留宝靥， 蔓草见罗裙。
归凤求凰意， 寥寥不复闻。

图 34　四川邛崃文君井（编者加）

【课堂讨论】

司马相如和卓文君的故事对今天的大学生而言，可以得到哪些关于爱情的启示?

【课后练习】

1．诗人在本诗中寄寓了深刻的现实主义情怀，对此请加以分析。

---

[1] 茂陵：指代司马相如，他晚年退居于此。

[2] 卓文君：蜀地富人卓王孙的女儿，丈夫去世，孀居娘家。为司马相如的琴音所动，夜奔相如。

[3] 酒肆：酒铺。司马相如与卓文君相爱遭到卓王孙的竭力反对，但两人绝不屈服。即使家徒四壁，两人也不改初衷。为了生活，夫妻俩不顾世俗礼法，开了个酒铺，“文君当垆，相如身自著犊鼻裙，与庸保杂作，涤器于市中”（《史记 · 司马相如列传》）。

2. 司马相如和卓文君的爱情非同寻常，他们虽遭到家长的百般阻挠，却赢得大多数中国人的赞誉，这一现象说明了什么问题?

3. 一名上大一的学生最近有了一个恋人，他父母通过了解很反感儿子的恋人。请你先以父母的身份写一封书信给孩子，要求孩子以学业为重，广交朋友，不要匆忙确定恋爱关系，更不能草率同居；接着再以孩子的身份回一封信给父母，陈述自己对学生谈恋爱看法。

宿紫阁山北村[1]

白居易

【提　示】

白居易(772—846)，字乐天，号香山居士。祖籍太原，生于新郑(今河南)。二十九岁中进士，开始步入仕途。为官勤勉，深得部属和百姓爱戴。主张“文章合为时而著，诗歌合为事而作”，与好友元稹等倡导新乐府运动，以文学为武器干预国事。其作为得罪了权贵，四十四岁时被贬为江州司马，自此滋长佛道思想，变以前的“兼济天下”为“独善其身”。好饮酒、喜歌舞。他是唐代唯一一位整理过自己创作的诗人，将自己的诗分为讽喻、闲适、感伤和杂律四大类。最得意于讽喻诗，但为其带来巨大声誉的却是感伤诗。

图35　自觉追求文学的大众性、功能性的白居易（编者加）

晨游紫阁峰，　暮宿山下村。
村老见余喜，　为余开一尊[2]。

[1] 紫阁山：在长安西南百余里，是终南山的一个著名山峰。
[2] 尊：酒具。

举杯未及饮，　　暴卒来入门。
紫衣挟刀斧，　　草草十余人。
夺我席上酒，　　掣我盘中飧。
主人退后立，　　敛手反如宾。
中庭有奇树，　　种来三十春。
主人惜不得，　　持斧断其根。
口称采造家[1]，　　身属神策军[2]。
“主人慎勿语，　　中尉正承恩！[3]”

【课堂讨论】

经典与通俗历来是一对矛盾，可“老妪能解”的诗又确实成就了白居易，说说当今有无哪位文学新秀能较好地把握经典与通俗的“度”？为什么？

【课后练习】

1．概括“余”、“村老”、“暴卒”的性格特征。

2．将本诗改写为一个剧本，并联合朋友一起表演出来，从中体会诗人针砭时弊的勇猛无畏精神。

3．观察身边值得摒弃或改变的弊端，提出解决的办法。

---

[1] 采造：专管采伐、建筑的官府。

[2] 神策军：皇帝的禁卫军。

[3] 中尉：元和初年，宪宗宠信宦官吐突承璀，让他做左神策军护军中尉，又派他兼任各路军统帅，白居易曾上书谏阻。承恩：得到皇帝宠信。

6. 十一月中旬至扶风界见梅花

李商隐

【提　示】

李商隐（约 812—858），字义山，号玉蹊生、樊南生。河南荥阳（今河南荥阳市）人。少有才名，深得牛党要员令狐楚的赏识，后李党的王茂元爱其才将女儿嫁给他，从此李商隐遭到牛党的排斥。此后，他便在牛李党争的夹缝中求生存，一生抑郁不得志。文学上以诗的成就最高，有七律圣手之称，最善于描写和表现细微的感情。人们将他和杜牧合称“小李杜”，和温庭筠合称“温李”。

匝路亭亭艳，　　非时裛裛香[1]。
素娥惟与月[2]，　　青女不饶霜[3]。
赠远虚盈手，　　伤离适断肠。
为谁成早秀[4]？　　不待作年芳。

图 36　**梅花的特质最容易激发中国诗人的联想**（苏峰摄）（编者加）

[1] 裛裛：香气浓郁。
[2] 素娥：月宫里的嫦娥。
[3] 青女：主管霜的女神。
[4] 成早秀：过早开花。

【课堂讨论】

在中国传统文学中人和自然的关系是怎样的？这在今天有什么现实意义？

【课后练习】

1．作者在梅花中寄寓了什么样的思想感情？

2．作为中国人最喜欢的岁寒三友之一的梅花，许多文人墨客歌咏过它，试找一首和本首做对比，看看诗人的不同着眼点。

3．试以你最喜欢的一种植物为话题写一篇短文。

7. 讳辩

韩愈

【提 示】

韩愈（768—824），字退之，河南河阳（今河南孟州市）人。自谓郡望昌黎，世人称之为韩昌黎。晚年任吏部侍郎，又称韩吏部。谥号“文”，又称韩文公。三岁而孤，受兄嫂抚育，早年流离困顿，有读书经世之志，刻苦好学。二十岁赴长安考进士，虽三试不第，仍潜心向学。进士及第后步入仕途，在长期的政治生涯中较有作为。敢为人师，广授门徒，积极举荐提拔年轻人，许多青年慕名投奔其门下。富有理论建树，开新儒学的先声，倡导古文运动。诗文创作颇丰，文列唐宋八大家之首，诗求新、奇、险、怪，是宋代江西诗派的鼻祖。著有《昌黎先生集》。

愈与李贺书，劝贺举进士。贺举进士有名，与贺争名者毁之，曰：“贺父名晋肃，贺不举进士为是，劝之举者为非。”听者不察也，和而倡之，同然一辞，皇甫湜曰[1]：“若不明白，子与贺且得罪。”愈曰：“然”。

图 37　韩愈故居令众多文学爱好者神往（编者加）

[1] 皇甫湜：跟韩愈学古文的文学家。

律曰："二名不偏讳。"释之者曰："谓若言'征'不称'在'，言'在'不称'征'是也。"律曰："不讳嫌名。"释之者曰："谓若'禹'与'雨'、'丘'与'莶'之类是也。"今贺父名晋肃，贺举进士，为犯二名律乎？为犯嫌名律乎？父名晋肃，子不得举进士。若父名"仁"，子不得为人乎？

夫讳始于何时？作法制以教天下者，非周公、孔子欤？周公作诗不讳，孔子不偏讳二名，《春秋》不讥不讳嫌名。康王钊之孙，实为昭王。曾参之父名皙，曾子不讳"昔"。周之时有骐期，汉之时有杜度，此其子宜如何讳？将讳其嫌，遂讳其姓乎？将不讳其嫌者乎？汉讳武帝名"彻"为"通"，不闻又讳车辙之"辙"为某字也；讳吕后名"雉"为"野鸡"，不闻又讳治天下之"治"为某字也。今上章及诏，不闻讳"浒"、"势"、"秉"、"机"也，惟宦者宫妾，乃不敢言"谕"及"机"，以为触犯。士君子立言行事，宜何所法守也？今考之于经，质之于律，稽之以国家之典，贺举进士为可邪？为不可邪？

凡事父母，得如曾参，可以无讥矣。作人得如周公、孔子，亦可以止矣。今世之士，不务行曾参、周公、孔子之行，而讳亲之名则务胜于曾参、周公、孔子，亦见其惑也。夫周公、孔子、曾参，卒不可胜。胜周公、孔子、曾参，乃比于宦官、宫妾；则是宦官宫妾之孝于其亲，贤于周公、孔子、曾参者邪？

【课堂讨论】

辩论的基础是什么？要驳倒对方可采取哪些基本技巧？

【课后练习】

1．韩愈运用了哪些方法驳斥"父名晋肃，字不得举进士"？

2．避讳是中国古代的一个重要礼仪，但韩愈此文并没有让人觉得无礼，为什么？

3．选择一个有争议的话题，运用恰当的方法和同学进行辩论。

8. 贺进士王参元失火书[1]

柳宗元

【提 示】

柳宗元（773—819），字子厚。祖籍河东（今山西省永济县），曾为柳州刺史，故世称柳河东、柳柳州。少有才名，早有大志，入朝为官后，奋发有为，是王叔文集团政治革新的重要人物之一，革新失败后被贬为永州（今湖南零陵）司马。贬谪期间仍坚持政治理想，并广泛研究古往今来关于哲学、政治、历史、文学等方面的一些重大问题，撰文著书。文学成就颇高，散文与韩愈齐名，是古文运动的发起者和实践者。其诗与王维、孟浩然、韦应物并称“王孟韦柳”。

得杨八书[2]，知足下遇火灾，家无余储。仆始闻而骇，中而疑，终乃大喜，盖将吊而更以贺也[3]。道远言略，犹未能究知其状，若果荡焉泯焉而悉无有[4]，乃吾所以尤贺者也。

足下勤奉养，乐朝夕，惟恬安无事是望也。今乃有焚炀赫烈之虞，以震骇左右，而脂膏滫瀡之具[5]，或以不给，吾是以始而骇也。

凡人之言皆曰：盈虚倚伏，去来之不可常。或将大有为也，乃始厄困震悸，于是有水火之孽，有群小之愠。劳苦变动，而后能光明，古之人皆然。斯道辽阔诞漫，虽圣人不能以是必信，是故中而疑也。

以足下读古人书，为文章，善小学[6]，其为多能若是，而进不能出群士之上，以取显贵者，盖无他焉。京城人多言足下家有积货，士之好廉名者，皆畏忌，不敢道足下之善；独自得之，心蓄之，衔忍而不出诸口。以公道之难明，而世之多嫌也。一出口，则嗤嗤者以为得重赂[7]。仆自贞元十五年，见足下之文章，蓄之者盖六、七年未尝言。是仆私一身而负公道久矣，非特负足下也。

---

[1] 王参元：濮阳（今属河南）人，宪宗元和二年进士，家富多财。

[2] 杨八：名敬之，排行第八，柳宗元的亲戚，王参元的好友。

[3] 更：变为。

[4] 荡焉泯焉：荡然无存。

[5] 滫瀡：泛指烹调用品。

[6] 小学：文字学、音韵学、训诂学的统称。

[7] 嗤嗤者：嘲笑的人。

及为御史尚书郎，自以幸为天子近臣，得奋其舌[1]，思以发明足下之郁塞。然时称道于行列，犹有顾视而窃笑者。仆良恨修己之不亮，素誉之不立，而为世嫌之所加，常与孟几道言而痛之[2]。乃今幸为天火之所涤荡，凡众之疑虑，举为灰埃。黔其庐，赭其垣，以示其无有；而足下之才能，乃可以显白而不污，其实出矣，是祝融、回禄之相吾子也[3]。则仆与几道十年之相知，不若兹火一夕之为足下誉也。宥有彰之，使夫蓄于心者，咸得开其喙；发策决科者[4]，授子而不栗。虽欲如向之蓄缩受侮，其可得乎？于兹吾有望于子，是以终乃大喜也。

图 38　政治上不得志的柳宗元却赢得广大老百姓的厚爱（编者加）

古者列国有灾，同位者皆相吊。许不吊灾，君子恶之。今吾之所陈若是，有以异乎古，故将吊而更以贺也。颜、曾之养[5]，其为乐也大矣，又何阙焉？

[1] 奋其舌：积极发表意见。

[2] 孟几道：名简，善诗敢言，是柳宗元的好友。

[3] 祝融、回禄：传说中的火神。

[4] 发策决科者：主考官。

[5] 颜、曾之养：像颜回、曾子那样奉养父母。

【课堂讨论】

对一件本有定论的事要反其道而行之，需要具备什么条件？

【课后练习】

1. 分析本文的层次，看作者是如何做到立意新奇、高远的。
2. 翻译本文第二段。
3. 选取一个已有定论的事件，换一种角度提出自己言之成理的意见。

管仲论[1]

苏洵

【提　示】

苏洵（1009—1066），字明允，号老泉，眉州眉山（今四川省眉山县）人，北宋著名散文家。其文以雄健、犀利、流畅著称。与其子苏轼、苏辙并称“三苏”，均名列唐宋古文八大家。著有《嘉祐集》。

管仲相威公[2]，霸诸侯，攘夷狄[3]，终其身齐国富强，诸侯不敢叛。管仲死，竖刁、易牙、开方用[4]，威公薨于乱[5]，五公子争立，其祸蔓延，讫简公，齐无宁岁。

夫功之成，非成于成之日，盖必有所由起；祸之作，不作于作之日，亦必有所由兆。故齐之治也，吾不曰管仲，而曰鲍叔；及其乱也，吾不曰竖刁、易牙、开方，而曰管仲。何则？竖刁、易牙、开方三子，彼固乱人国者，顾其用之者[6]，威公也。夫有舜而后知放四凶，有仲尼而后知去少正卯[7]。彼威公何人也？顾其使威公得用三子者，管仲也！仲之疾也，公问之相。当是时也，吾意以仲且举天下之贤者以对，而其言乃不过曰“竖刁、易牙、开方三子，非人情，不可近”而已。

呜呼！仲以为威公果能不用三子矣乎？仲与威恒公处几年矣，亦知威公之为人矣乎？威公声不绝于耳，色不绝于目，而非三子者，则无以遂其欲。彼其初之所以不用者，徒以有仲焉耳。

一日无仲，则三子者可以弹冠而相庆矣。仲以为将死之言，可以絷威公之手足耶？夫齐国不患有三子，而患无仲；有仲，则三子者，三匹夫耳。不然，天下岂少三子之徒哉？虽威公幸而听仲，诛此三人，而其余者，仲能悉数而去

---

[1] 管仲：春秋著名政治家，辅佐齐桓公使国家强盛。

[2] 威公：即齐桓公，因避宋钦宗赵桓讳，改为威公。

[3] 攘：排斥，抵御。

[4] 竖刁、易牙、开方：三人都是齐桓公宠幸的近臣。管仲死后，这三个人共同专权，齐国由此发生内乱。用:当权。

[5] 薨：周代诸侯死称“薨”。

[6] 顾：但。

[7] 仲尼：孔子的字。

之耶？呜呼！仲可谓不知本者矣。因威公之问，举天下之贤者以自代，则仲虽死，而齐国未为无仲也。夫何患三子者，不言可也。

五伯莫盛于威、文[1]。文公之才，不过威公，其臣又皆不及仲；灵公之虐，不如孝公之宽厚。文公死，诸侯不敢叛晋，晋袭文公之余恒，犹得为诸侯之盟主百余年，何者？其君虽不肖，而尚有老成人焉[2]。威公之薨也，一败涂地，无惑也，彼独恃一管仲，而仲则死矣！

夫天下未尝无贤者，盖有臣而无君者矣。威公在焉，而曰天下不复有管仲者，吾不信也。仲之书，有记其将死，论鲍叔、宾胥无之为人，且各疏其短[3]。是其心以为是数子者，皆不足以托国；而又逆知其将死[4]，则其书诞谩不足信也[5]。

图 39　一代名相管仲曾使齐国富强（编者加）

吾观史鳝，以不能进蘧伯玉而退弥子瑕，故有身后之谏。萧何且死，举曹参以自代。大臣之用心，固宜如此也！夫国以一人兴，以一人亡。贤者不悲其身之死，而忧其国之衰；故必复有贤者，而后可以死。彼管仲者，何以死哉？

---

[1] 五伯：同“五霸”，指春秋时先后称霸的五位诸侯，即齐桓公、晋文公、楚庄王、宋襄公、秦穆公。

[2] 老成人：经验丰富办事稳重的人。

[3] 疏：举出。

[4] 逆知：预知。

[5] 诞谩：荒诞。

【课堂讨论】

应如何做才能知人论世？

【课后练习】

1．前人是如何评价管仲的？苏洵是如何评价管仲的？
2．文中用了哪些论据来证明观点？分别起到了什么作用？
3．请书面评价一位你熟悉的历史人物。

10. 苏轼词二首

苏轼（1037—1101），字子瞻，又字和仲，号“东坡居士”。二十岁时登进士及第，与父亲、弟弟三人“名重京师”，从此开始仕途生涯。他耿直、率真、爱民、务实，言行常常与官场格格不入，故一生几度宦海沉浮，但终不“改悔”。他多才艺，善幽默，喜创新，是中国历史上少有的文艺天才。文列唐宋八大家，与欧阳修并称“欧苏”，是欧阳修去世后宋代文坛的领袖人物；喜培养、奖掖和荐拔青年，其中的优秀代表黄庭坚、秦观、张耒、晁补之就被称为“苏门四学士”；诗与黄庭坚并称为“苏黄”；词开豪放先河，与辛弃疾合称“苏辛”；擅长行书、楷书，与黄庭坚、米芾、蔡襄并称“宋四家”；是名画家，擅画墨竹。

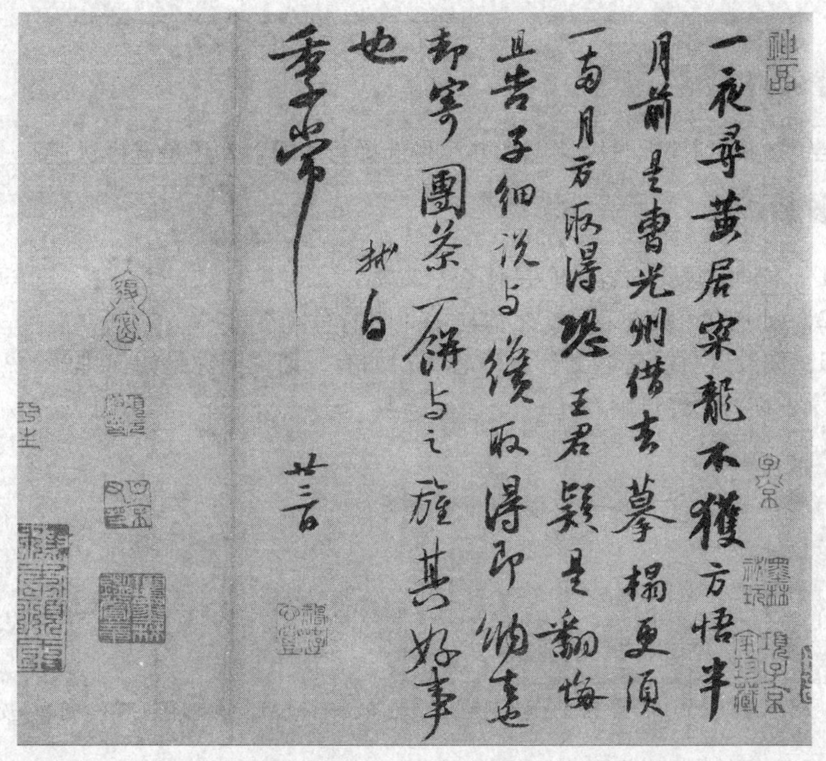
一夜尋黄居寀龍不獲方悟半
月前是曹光州借去摹搨更須
一兩月方取得恐 王君疑是翻悔
且告子細説與 纔取得即納去
却寄團茶一餅与之 旌其好事
也 軾白
季常

图40 苏轼的书法与他的词一样令人奋发（编者加）

满庭芳[1]

元丰七年四月一日，余将去黄移汝，留别雪堂邻里二三君子[2]，会李仲览自江东来别，遂书以遗之[3]。

归去来兮，吾归何处？万里家在岷峨[4]。百年强半[5]，来日苦无多。坐见黄州再闰[6]，儿童尽、楚语吴歌。山中友，鸡豚社酒，相劝老东坡。　云何，当此去，人生底事，来往如梭。待闲看秋风，洛水清波[7]。好在堂前细柳，应念我，莫剪柔柯。仍传语，江南父老，时与晒渔蓑。

【课堂讨论】

当我们碰到挫折时应该怎么办？是选择勇敢面对，还是选择逃避？

【课后练习】

1．本词的思想内容核心是什么？

2．词中的“归去来兮”之情与陶渊明的有何不同？

3．你最近有没有遇到什么烦心事？如有，请说明你是如何排解的？如没有，说说你将怎样排解。

---

[1] 元丰七年（公元1084），因乌台诗案被贬黄州达五年之久的苏轼，接到量移汝州（今河南临汝）安置的诏令。

[2] 雪堂：苏轼在黄州的住所，位于长江边，是他到黄州一年多后友人帮助建造的。

[3] 遗：送。

[4] 岷峨：四川有岷山、峨眉山，苏轼家乡在四川眉山县，此处指代四川老家。

[5] 百年强半：苏轼此年四十八岁，故云。

[6] 再闰：阴历三年一闰，苏轼在黄州五年，故称。

[7] 洛水：流经洛阳，近汝州。

八声甘州·寄参寥子[1]

有情风万里卷潮来，无情送潮归。问钱塘江上，西兴浦口[2]，几度斜晖？不用思量今古，俯仰昔人非。谁似东坡老，白首忘机[3]。 记取西湖西畔，正春山好处，空翠烟霏。算诗人相得，如我与君稀。约它年、东还海道，愿谢公雅志莫相违。西州路，不应回首，为我沾衣[4]。

图 41 苏轼的词也和西湖美景一样清新自然（编者加）

【课堂讨论】

试评价中国知识分子“穷则独善其身，达则兼济天下”的人生理想。

【课后练习】

1. 作者的旷达情怀是如何传达给读者的?
2. 认真思考，做一份自己的人生规划。

---

[1] 参寥子：即参寥，僧道潜，是当时一位著名诗僧，与苏轼交往密切，肝胆相照，友情甚笃。

[2] 西兴：在钱塘江南，杭州对岸。

[3] 忘机：泯灭机心，即无意功名利禄。

[4] 此处用谢安、羊昙典故。《晋书·谢安传》载：谢安虽功高位显，“然东山之志（退隐会稽东山的雅志），始末不渝，每形于言色”，此志一直都没能实现。他病危还京，过西州门时，“自以本志不遂，深自慨失”。他去世后，其外甥羊昙一次醉中过西州门，回忆往事，“悲感不已，以马策扣扇，诵曹子建诗曰：‘生存华屋处，零落归山丘。’恸哭而去”。苏轼这里用谢安自喻，以羊昙喻参寥，希望自己归隐山林的雅志能顺利实现，免得老友为自己抱憾。

11. 寄欧阳舍人书[1]

曾 巩

【提　示】

曾巩（1019—1083），字子固，南丰（今属江西南丰县）人。少有才名，以文章见赏于欧阳修。宋仁宗嘉祐二年（公元1057年）中进士，官至中书舍人。北宋著名散文家，“唐宋八大家”之一。他的散文风格冲和平淡，布局周密有条理，议论纡徐往复。

图42　宋代文坛泰斗欧阳修至今受人敬仰（编者加）

去秋人还，蒙赐书，及所撰先大父墓碑铭[2]，反覆观诵，感与惭并。夫铭志之著于世[3]，义近于史，而亦有与史异者。盖史之于善恶无所不书。而铭者，

[1] 欧阳舍人：指欧阳修。舍人：泛指近侍属官。

[2] 先大父：去世的祖父。铭：指碑文末尾的赞语，一般简短而用韵。

[3] 铭志：指墓铭的墓志。

盖古之人有功德、材行、志义之美者，惧后世之不知，则必于铭而见之[1]。或纳于庙，或存于墓，一也。苟其人之恶，则于铭乎何有？此其所以与史异也。其辞之作，所以使死者无有所憾，生者得致其严[2]。而善人喜于见传[3]，则勇于自立；恶人无有所纪，则以愧而惧。至于通材达识、义烈节士[4]、嘉言善状，皆见于篇，则足为后法[5]。警劝之道，非近乎史，其将安近？

及世之衰，人之子孙者，一欲褒扬其亲，而不本乎理。故虽恶人，皆务勒铭以夸后世。立言者既莫之拒而不为，又以其子孙之请也，书其恶焉，则人情之所不得，于是乎铭始不实。后之作铭者，当观其人，苟托之非人，则书之非公与是[6]，则不足以行世而传后[7]。故千百年来，公卿大夫至于里巷之士[8]，莫不有铭，而传者盖少；其故非他，托之非人，书之非公与是故也。

然则孰为其人而能尽公与是欤？非畜道德而能文章者[9]，无以为也。盖有道德者之于恶人，则不受而铭之；于众人，则能辨焉。而人之行，有情善而迹非，有意奸而外淑，有善恶相悬而不可以实指，有实大于名，有名侈于实。犹之用人，非畜道德者，恶能辨之不惑，议之不徇？不惑不徇，则公且是矣！而其辞之不工，则世犹不传，于是又在其文章兼胜焉。故曰：非畜道德而能文章者，无以为也。岂非然哉！

然畜道德而能文章者，虽或并世而有，亦或数十年，或一二百年而有之；其传之难如此，其遇之难又如此。若先生之道德文章，固所谓数百年而有者也。先祖之言行卓卓，幸遇而得铭其公与是，其传世行后无疑也。而世之学者，每观传记所书古人之事，至于所可感，则往往衋然不知涕之流落也[10]，况其子孙也哉？况巩也哉？其追睎祖德而思所以传之之由[11]，则知先生推一赐于巩[12]，而及其三世[13]。其感与报，宜若何而图之？

抑又思若巩之浅薄滞拙，而先生进之；先祖之屯蹶否塞以死[14]，而先生显

---

[1] 见：通“现”，显现。
[2] 致：表达。严：尊敬。
[3] 善人：有道德的人。见传：被传诵。
[4] 义烈节士：正直刚强、坚守节操的人。
[5] 后法：后世的准则。
[6] 公与是：公正并符合事实。
[7] 行世：流行于世。
[8] 里巷之士：指平民百姓。
[9] 畜道德：道德修养很高。畜：通蓄，积累。
[10] 衋（xì）然：伤痛的样子。
[11] 睎：仰慕。
[12] 推一赐：给予一次恩赐。
[13] 三世：指祖、父、己三辈。
[14] 屯蹶否塞：不得志。

之。则世之魁闳豪杰不世出之士[1]，其谁不愿进于门？潜遁幽抑之士[2]，其谁不有望于世？善谁不为？而恶谁不愧以惧？为人之父祖者，孰不欲教其子孙？为人之子孙者，孰不欲宠荣其父祖？此数美者，一归于先生。

既拜赐之辱[3]，且敢进其所以然。所论氏族之次[4]，敢不承教而加详焉[5]。愧甚，不宣。

【课堂讨论】

面对关心和帮助过我们的长辈，该如何向他们表达自己的感谢之意？

【课后练习】

1．分析作者是怎样将感谢欧阳修为祖父写墓碑铭与称颂祖父统一起来的。

2．在中国历史上用书信形式表达谢意的作品很多，它们有什么共同点？

3．给你的一位长辈写一封书信。

[1] 魁闳：俊伟。豪杰：才智出众。不世出：世上不常有。

[2] 潜遁：隐居。幽抑：不显达。

[3] 辱：对人表示尊敬的谦辞，意思是对对方是屈辱。

[4] 所论氏族之次：指欧阳修在《与曾巩论氏族书》中对曾氏族系次第的考辨。

[5] 加详：进行审核研究。

六丑·蔷薇谢后作

周邦彦

【提 示】

周邦彦（1056—1121），字美成，号清真居士，其文学成就主要在词，被誉为“词匠”，词作浑厚典雅，玉润珠圆，善于铺陈。周邦彦生活在北宋中后期，年轻时聪明好学，博涉百家书，精通音律，但疏隽少检，不为乡里推崇。元丰初年，他以布衣自京师游太学，期间向皇帝上了一篇七千多字的《汴都赋》。宋神宗异之，命李清臣读一遍，将周邦彦提为太学正。周邦彦一生对政治不感兴趣，对新旧两党都无所依附，这样的人生虽然没有什么大的起落，但其建功立业的抱负更是无法展现。

图 43　**处处开放的蔷薇惹人爱怜**（苏峰摄）（编者加）

正单衣试酒[1]，怅客里光阴虚掷。愿春暂留，春归如过翼，一去无迹。为问花何在？夜来风雨，葬楚宫倾国[2]。钗钿堕处遗香泽，乱点桃蹊，轻翻柳陌。多情为谁追惜？但蜂媒蝶使，时叩窗槅。　　东园岑寂，渐蒙笼暗碧。静绕珍丛底，成叹息。长条故惹行客，似牵衣待话，别情无极。残英小、强簪巾

[1] 单衣：冬季结束，换上春装。试酒：古俗，夏历四月品尝新酒。

[2] 楚宫倾国：楚宫美女天下闻名，这里将蔷薇拟人化。

帻[1]。终不似，一朵钗头颤袅，向人欹侧。漂流处、莫趁潮汐。恐断红尚有相思字，何由见得。

【课堂讨论】

宋词中许多植物被赋予特定的感情内涵。请从此词入手，举出几例说明这样写的作用。

【课后练习】

1．此词中许多地方以人喻花，请指出这些地方并分析这样写的好处。

2．试将周邦彦的词与他同时代的词人的词作作比较，看看周邦彦的词作有什么突出特点。

3．在很长的时间里，周邦彦的慢词并没有受到人们的重视，请以《假如周邦彦是“快乐男声”的评委》为题，表述自己对周邦彦作品的看法。

[1] 强簪巾帻：勉强戴在头巾上。

13. 辛弃疾词二首

【提　示】

辛弃疾（1140—1207），原字坦夫，后改字幼安，别号稼轩居士，历城（今山东济南）人。生当金兵占领中原时，二十一岁即参加抗金义军。平生以气节自负，以功业自许，一生力主抗战，被誉为人中之杰。文武双全，尤致力于豪放词创作，被称为词中之龙，与苏轼并称“苏辛”。

图 44　辛弃疾是中国历史上少有的文武全才（编者加）

水龙吟

为韩南涧尚书寿甲辰岁[1]

渡江天马南来[2]，几人真是经纶手？长安父老[3]，新亭风景，可怜依旧[4]！夷甫诸人，神州沉陆，几曾回首[5]。算平戎万里，功名本是，真儒事[6]、君知否？

况有文章山斗[7]，对桐阴满庭清昼[8]。当

[1] 淳熙十一年（公元 1184 年）五月十二日好友韩南涧六十七岁生日，作者填词祝寿。韩南涧：名无咎，字元吉，号南涧，曾任吏部尚书。

[2] 指宋自高宗渡江偏安江左。

[3] 用桓温典故。《晋书·桓温传》载：桓温北伐，进军至长安灞上，当地父老都持牛酒欢迎，感泣道：“不图今日复见官军！”

[4] 用《世说新语》典故。其《言语》载：东晋过江人士常在新亭聚会，周顗在席间叹息：“风景不殊，正自有山河之异！”众人也都流泪。

[5] 仍用桓温典故。桓温从江陵北伐，过淮泗，与部属登楼船眺望中原，慨然曰：“遂使中原陆沉，百年丘墟，王夷甫诸人不得不任其责！”王夷甫即王衍，西晋朝高居尚书令、太尉之位，却侈谈庄老，不求收复中原，但求偏安江南。

[6] 真儒：《荀子·儒效篇》：“大儒者，……用百里之地，而千里之国莫能与之争胜；笞棰暴国，齐一天下，而莫能倾。”

[7] 韩南涧先祖韩愈被称为学术界的“泰山北斗”，此处称誉韩南涧。

[8] 颍川韩氏盛于北宋，其汴京居第门前桐树甚多，韩南涧曾著《桐阴旧说》记其家事。

年堕地，而今试看，风云奔走。绿野风烟[1]，平泉草木[2]，东山歌酒[3]。待他年、整顿乾坤事了，为先生寿。

【课堂讨论】

国家一统是我国优良的文化传统，三国时代如此，宋代也不例外。请说说这一文化传统有什么现实意义?

【课后练习】

1. 作者如何将国家大事（国家一统）与个人小事（过生日）艺术化地统一在词中?

2. 作者在词中用到了哪些典故? 分别起到了什么作用?

3. 你的一位朋友过生日，请发一个手机短信予以祝贺，至少用一个历史典故。

---

[1] 用唐朝宰相裴度典故：裴在东都作别业，号绿野堂，风景幽美。

[2] 用唐朝宰相李德裕典故：李也在东都置平泉庄，花木台榭，犹如仙境。

[3] 用东晋宰相谢安典故：谢在会稽东山有别业。

满 江 红

江行简杨济翁、周显先[1]

过眼溪山，怪都似、旧时曾识。还记得、梦中行遍，江南江北。佳处径须携杖去，能消几两平生屐？笑尘劳、三十九年非，长为客[2]。 吴楚地，东南坼。英雄事，曹刘敌[3]。被西风吹尽，了无尘迹。楼观甫成人已去，旌旗未卷头先白。叹人生、哀乐转相寻，今犹昔。

图 45 旧时曾识的风景叫辛弃疾浮想联翩（编者加）

【课堂讨论】

“行万里路，读万卷书”是中国古代对人才成长的总结，这在当今有什么现

[1] 淳熙五年春（公元 1178 年），作者由南昌调往临安（今杭州）任大理少卿，同年秋天又被派到武昌为湖北转运副使，赴任途中曾在扬州会晤杨济翁、周显先，并以词互相唱和；离开扬州，作者在船上作此篇寄给杨、周。

[2] 在四年多的时间里，作者先后八次被调任，每任平均仅仅半年左右，来去匆匆，难以有所建树，特别是抗金建议从未被采纳，长期在江南蹉跎，难以回到被金兵占领的家乡，内心十分苦闷。

[3] 从临安到武昌赴任，沿途是三国时东吴领土，孙权曾与曹操、刘备争雄。

实意义？

【课后练习】

1．作者是如何将情融于景中的？“楼观甫成人已去，旌旗未卷头先白”表达了怎样的思想感情？

2．情景交融是中国诗歌美学的特色，请再举几首你喜欢的中国诗词为例加以分析。

3．请用饱含感情的方式，将你见过的最美风景讲给同学听。

减字木兰花·春怨

朱淑真

【提 示】

朱淑真（约1131年前后在世），一作淑贞，号幽栖居士，宋代人。钱塘（今浙江杭州市）人，其身世历来说法不一。生于一般仕宦家庭，家境比较优裕，幼颖慧，博通经史，能文善画，精晓音律，尤工诗词，素有才女之称。相传嫁一俗吏，因志趣不合而分开，抑郁而终，其墓在杭州青芝坞。

图46 才女朱淑真为春而怨（编者加）

独行独坐，独唱独酬还独卧。伫立伤神，无奈春寒著摸人。 此情谁见，泪洗残妆无一半。愁病相仍，剔尽寒灯梦不成。

【课堂讨论】

宋代女性作家很多，尤其是李清照、朱淑真，最为当时人们津津乐道，但为什么到后世李清照名声独在，而朱淑真却显得默默无闻呢?

【课后练习】

1. 作者为什么在万物复苏的春天有那么强烈的哀怨情绪?

2. 我国古代写春怨的作品很多，请找一些与这首词作比较，看看这首词独特的地方在哪里。

3. 以“春”为话题，任选一种形式表达你的想法。

疏　影

姜　夔

【提　示】

姜夔（1155？—1221？），字尧章，号白石道人，饶州鄱阳（今属江西）人。身处南宋和金朝南北对峙时代，民族矛盾、阶级矛盾都空前尖锐复杂，有责任感的知识分子莫不满心凄苦。姜夔也是如此，他以精致的文辞、严密的声律，记录下自己作为一介幕僚清客复杂多感的心情。本课选编的是《疏影》的内容。

辛亥之冬[1]，予载雪诣石湖[2]。止既月[3]，授简索句，且征新声。作此两阕，石湖把玩不已，使工妓隶习之[4]，音节谐婉，乃名曰《暗香》《疏影》[5]。

苔枝缀玉[6]，有翠禽小小[7]，枝头同宿。客里相逢[8]，篱角黄昏[9]，无言自倚修竹。昭君不惯胡沙远，但暗忆江南江北。想佩环月夜归来，化作此花幽独[10]。　　犹记深宫旧事，那人正睡里，飞近蛾绿[11]。莫似东风，不管

[1] 辛亥之冬：指南宋绍熙二年（公元 1191）冬天。

[2] 诣石湖：到苏州石湖拜访范成大（公元 1126—1193 年）。石湖在苏州盘门外西南十里，诗人范成大晚年隐居于此，自号石湖居士，著有《石湖集》。

[3] 止既月：停留一个月。

[4] 工妓隶：乐工、歌女（舞女）、下人。

[5] 暗香、疏影：林逋《山园小梅》诗："疏影横斜水清浅，暗香浮动月黄昏。"描写梅花的姿态和香味，后皆以暗香、疏影为梅花的代称。

[6] 苔枝缀玉：苔梅枝上，朵朵梅花都像精雕细琢的美玉。苔枝，绿苔封裹的枝头，指苔梅，是梅花中较名贵的品种。

[7] 翠禽：翠绿色羽毛的鸟。

[8] 客里：异乡。

[9] 篱角：篱笆角落。

[10] "昭君不惯胡沙远……化作此花幽独"句：用王昭君典故。汉元帝宫女王昭君，自愿奉命嫁给匈奴单于。杜甫《咏怀古迹》其三《咏王昭君》："一去紫台连朔漠，独留青冢向黄昏。""画图省识春风面，环佩空归月夜魂。"佩环，本指女子的饰品，这里借指王昭君。想：料想、推想。幽独：幽静、孤独。

[11] "犹记深宫旧事……飞近蛾绿"句：用寿阳公主典故。相传南朝宋武帝女儿寿阳公主，有一天在廊檐下躺卧，梅花飘落在她的眉心，留下了美丽的花瓣印痕，宫女们争相仿效，成为风行一时的"梅花妆"。蛾，蚕蛾的眉毛细而长。绿：是女子画眉的颜料。蛾绿在此借指女子眉毛。

图 47　疏影暗香沁人心脾（苏峰摄）（编者加）

盈盈，早与安排金屋。还教一片随波去，又却怨玉龙哀曲[1]。等恁时[2]、重觅幽香，已入小窗横幅。

【课堂讨论】

内容与形式是什么样的关系？

【课后练习】

1．分析本首词拟人手法的运用及作用。

2．将该作品与本书中其他篇写梅花的作品作比较。

3．把本首词改写为一篇小小说。要求有引人入胜的开头、合情合理的情节、出人意料的结尾。

---

[1] 玉龙哀曲：玉龙，笛名。《梅花》（《梅花落》）是笛中名曲，流行甚广。李白《听胡人吹笛》诗："胡人吹玉笛，一半是秦声。十月吴山晓，梅花落敬亭。"白居易《杨柳枝》词："《六幺》、《水调》加价唱，《白雪》、《梅花》处处吹。"此曲声调哀婉。皮日休《夜会问答》诗："霜中笛，落梅一曲瑶华滴。不知青女是何人，三奏未终头已白。"

[2] 恁时：那时。

第五讲

元明清曲、文、小说

南吕　一枝花·不伏老

关汉卿

【提　示】

关汉卿，号已斋叟，籍贯有多种说法，一般认为是大都（北京）人。生于元太宗（窝阔台）在位时代（1229—1241），卒于元成宗（铁穆耳）大德年间（1297—1307）。关汉卿是元代最著名的杂剧作家，他与杂剧作家杨显之、梁退之、费君祥，散曲作家王和卿，著名女艺人朱帘秀等均有交往；并且"躬践排场，面傅粉墨"，有丰富的舞台经验。所著杂剧六十多种，现存《窦娥冤》、《救风尘》等十多种。作品敢于揭露社会黑暗，反对贪官污吏权贵豪强，同情下层人民。散曲现存小令四十多首，套数十多套。语言通俗易懂，风格朴素自然，是散曲中的佼佼者。

图 48　梨园领袖关汉卿（编者加）

攀出墙朵朵花，折临路枝枝柳[1]。花攀红蕊嫩，柳折翠条柔。浪子风流。凭着我折柳攀花手，直熬得花残柳败休。半生来折柳攀花，一世里眠花卧柳。

【梁州]】我是个普天下郎君领袖[2]，盖世界浪子班头[3]。愿朱颜不改常依旧，花中消遣，酒内忘忧。分茶攧竹[4]，打马藏阄[5]，通五音六律滑熟[6]，甚闲愁到我心头！伴的是银筝女银台前理银筝笑依银屏，伴的是玉天仙携玉手并玉肩同登玉楼，伴的是金钗客歌金缕捧金樽满泛金瓯[7]。你道我老也暂休，占排场风月功名首，更玲珑又剔透[8]。我是个锦阵花营都帅头[9]，曾玩府游州。

【隔尾】子弟每是个茅草岗沙土窝初生的兔羔儿乍向围场上走[10]，我是个经笼罩受索网苍翎毛老野鸡蹅踏的阵马儿熟[11]。经了些窝弓冷箭蜡枪头[12]，不曾落人后。恰不道“人到中年万事休”[13]，我怎肯虚度了春秋。

【尾】我是个蒸不烂煮不熟捶不匾炒不爆响珰珰一粒铜豌豆，恁子弟每谁教你钻入他锄不断斫不下解不开顿不脱慢腾腾千层锦套头[14]。我玩的是梁园月[15]，饮的是东京酒[16]，赏的是洛阳花，攀的是章台柳[17]。我也会吟诗，会篆籀[18]，会弹丝，会品竹；我也会唱鹧鸪[19]，舞垂手[20]；会打围[21]，会蹴鞠[22]；会围

---

[1] 出墙花、临路柳：皆喻指妓女。

[2] 郎君：元曲中郎君常指生性风流的花花公子。

[3] 班头：头目。

[4] 分茶：古代泡茶的一种技艺。攧竹：画竹。攧（diān）：绘画的一种技法。

[5] 打马：古代一种游戏，已失传，不甚清楚其具体玩法。藏阄：一种游戏，猜对方藏在手中或器物中的物品。

[6] 五音六律：指音乐。滑熟：精通。

[7] 金缕：唐代舞曲名，即《金缕衣》；又，词调《贺新郎》有名《金缕衣》的。金瓯：指酒杯。

[8] “你道我老也暂休”三句：意思是说，要在风月场中占排场作首领，必须是十分灵活的，你老了，就应该退出。这是假借一个年轻子弟的口对他讲的，为下文反击树好靶子。排场：元曲中把演杂剧叫做场或做排场。

[9] 锦阵花营：喻指妓女优伶队伍。

[10] 子弟：元曲中常指妓院中的嫖客。每：们。乍：初。围场：事先围好的打猎场所。

[11] 蹅（chǎ）踏：踩踏。阵马儿：战场。

[12] 窝弓：猎人藏在草丛中的弓箭。

[13] 恰不道：却不道。

[14] 恁：你们。锦套头：美丽的圈套。

[15] 梁园：汉代梁孝王的园子，在开封附近。这里代指开封。

[16] 东京：指宋代都城汴京开封。

[17] 章台：汉长安城街名。章台柳，喻指妓女。

[18] 篆籀（zhòu）：篆和籀是汉字的两种古代书体。这里的篆当动词用，相当于“写”。

[19] 鹧鸪：指《鹧鸪天》、《瑞鹧鸪》等曲调。

[20] 垂手：指《大垂手》、《小垂手》之类的舞蹈。

[21] 打围：打猎。

[22] 蹴鞠（cù jū）：古代的一种球类游戏。

棋，会双陆[1]。你便是落了我牙，歪了我嘴，瘸了我腿，折了我手，天赐与我这几般儿歹症候[2]，尚兀自不肯休[3]。则除是阎王亲自唤，神鬼自来勾，三魂归地府，七魄丧冥幽[4]，天哪，那其间才不向烟花路上走[5]！

【课堂讨论】

本曲中的“我”这个形象有何价值和现实意义？

【课后练习】

1．本曲的语言具有什么特色？试举例说明。
2．本曲表达了什么样的思想？你赞同还是反对？为什么？
3．用你最喜欢的形式介绍一下你自己。

[1] 双陆：古代一种棋类游戏。
[2] 歹症候：坏毛病。指上面的爱好和技能。
[3] 尚兀自：尚且，仍然。
[4] 冥幽：阴间。
[5] 烟花路：指勾栏妓院。

双调 夜行船·酒病花愁何日彻[1]

马致远

【提 示】

马致远（1250—约 1321）以字行于世，名不详，晚号“东篱”，以示效陶渊明之志。元代著名的杂剧家，大都（今北京）人。与关汉卿、郑光祖、白朴同称“元曲四大家”。是我国元代著名大戏剧家、散曲家。他年轻时热衷功名，有“佐国心，拿云手”的政治抱负，但仕途坎坷。中年中进士，曾任江浙行省官吏，后在大都任工部主事。经过了二十年漂泊生涯之后，晚年的他看透了人生的宠辱，不满时政，隐居田园。

图 49 孤村落日残霞，轻烟老树寒鸦（编者加）

酒病花愁何日彻，劣冤家省可里随斜。见气顺的心疼，脾和的眼热。休没前程外人行言说。

[1] “双调”是曲调名，“夜行船”是曲牌名。

【么】但有半米儿亏伊天觑者，图个甚意断恩绝。你既不弃旧怜新，休想我等闲心超，合受这场抛撇。

【鸳鸯煞】据他有魂灵宜赛多情社，俺心合受这相思业。牵惹情怀，愁恨千叠，唱道但得半米儿有担擎底九千纸教天赦。怕有半米儿心别，教不出的房门化做血。

百岁光阴一梦蝶[1]，重回首往事堪嗟。今日春来，明朝花谢，急罚盏夜阑灯灭[2]。

【乔木查】想秦宫汉阙，都做了衰草牛羊野，不恁么渔樵没话说[3]。纵荒坟，横断碑，不辨龙蛇[4]。

【庆宣和】投至狐踪与兔穴，多少豪杰[5]！鼎足虽坚半腰里折，魏耶？晋耶[6]？

【落梅风】天教你富，莫太奢，没多时好天良夜[7]。富家儿更做到你心似铁，争辜负了锦堂风月[8]。

【风入松】眼前红日又西斜，疾似下坡车。不争镜里添白雪，上床与鞋履相别[9]。休笑巢鸠计拙，葫芦提一向装呆[10]。

【拨不断】利名竭，是非绝。红尘不向门前惹，绿树偏宜屋角遮，青山正补墙头缺。更那堪竹篱茅舍。

【离亭宴煞】蛩吟罢一觉才宁贴[11]，鸡鸣时万事无休歇，何年是彻！看密匝匝蚁排兵，乱纷纷蜂酿蜜，急攘攘蝇争血。裴公绿野堂，陶令白莲社[12]。爱秋来时那些：和露摘黄花，带霜烹紫蟹，煮酒烧红叶。想人生有限杯，浑几个重

---

[1] 这句指人生短暂。引用《庄子·齐物论》“庄周梦蝴蝶”的典故。

[2] 这句意为要赶快喝酒，不然就夜深灯灭了（喻指人生短暂）。罚盏：指喝酒，古人喝酒没喝完要罚酒。

[3] 不恁么渔樵没话说：意思是说如果秦汉宫殿不变为荒草废墟，渔人、樵夫就没有话题可说了。不恁（nèn）么：不如此，不这样的话。

[4] “纵荒坟……”三句意思是到处是荒坟，坟头还横七竖八立着些墓碑，已经辨认不出碑上歌功颂德的文字了。龙蛇，指文字。

[5] “投至”两句意思是不知有多少英雄豪杰已经成为历史，他们的坟墓已经成了狐兔能触摸到的场所。投至：指等到。

[6] “鼎足……晋耶”三句：鼎的足很坚硬，但也会横腰折断，魏国不就是这样的吗？晋国也不是这样的吗？

[7] “天教你富”三句是奉劝富贵者不要太骄奢，当心好景不长。

[8] “富家儿”两句是奉劝富贵者不要太吝啬，要好好享受生活。更做到，即使。争，怎。

[9] “不争”两句是说，老了不要紧，但恐怕死亡就要来临了。不争，不打紧。白雪，指白发。上床与鞋履相别，指死亡。

[10] “休笑”两句是说，不要笑斑鸠不会筑巢，聪明的人一向都装得呆头呆脑的。据说斑鸠笨，不会筑巢，常占据喜鹊的窝。葫芦提：糊里糊涂。

[11] 蛩（qióng）：蟋蟀。一觉：一睡。宁贴：安稳。

[12] 裴公绿野堂：唐代裴度平淮有功，封晋国公，主朝政三十余年。后因宦官作乱，在洛阳郊外绿野堂居住，不问世事。陶令白莲社：晋高僧慧远在庐山建白莲社，研讨佛理，曾邀请陶渊明参加，陶曾做过彭泽县令，故称陶令。

阳节[1]？嘱付你个顽童记者[2]：便北海探吾来，道东篱醉了也[3]。

【课堂讨论】

本曲对今人在树立人生观、处世态度方面有何启示?

【课后练习】

1．本曲运用了哪些典故，具有什么作用?

2．本曲所反映出的人生态度和陶渊明、苏轼的有何异同?

3．请写一篇短文，谈谈你对“功名心”的认识。

[1] 浑：还有。

[2] 记者：记着。

[3]“便北”两句是说，不管是谁来见，都说我醉了不能相见。北海：指孔融，他在汉献帝时做过北海相，性好客，常聚饮。

牡丹亭·惊梦[1]

汤显祖

【提　示】

汤显祖（1550—1616）江西省临川县人。他二十一岁考上江西省第八名举人。为人正直，因为触忤张居正，直到张居正逝世的次年（1583 年），才考上进士。当时他已经四十三岁，之后，由于不满首辅申时行专权，屡遭打击，仕途一直很坎坷，1610 年被免职。汤显祖是明代晚期文学界的中心人物，因反对当时的“文必西汉，诗必盛唐”文学理论，他的诗文在当时独树一帜。他的戏剧著作成就卓著，其文学性、思想性都代表了明代戏剧的最高峰。

图 52　汤显祖的戏剧成就可与莎士比亚相媲美
（编者加）

【商调引子】【绕地游】（旦上：　）梦回莺啭，乱煞年光遍[2]。人立小庭深院。（贴上：　）炷尽沉烟[3]，抛残绣线，恁今春关情似去年？

（乌夜啼）（旦：　）晓来望断梅关，宿妆残[4]。（贴：　）你侧著宜春髻子恰凭阑[5]。（旦：　）剪不断，理还乱，闷无端。（贴：　）已分付催花莺燕借春看。（旦：　）春香，

[1] 《牡丹亭》全称为《牡丹亭还魂记》。本文“惊梦”是全剧的第十出。全剧共五十五出。

[2] 旦：女主角，本剧的女主角是杜丽娘。乱煞年光遍：缭乱的春光到处都是。

[3] 贴：丫鬟一类的角色，本剧的贴叫春香。沉烟：沉香，一种香料。

[4] 宿妆：隔夜的残妆。

[5] 宜春髻（ji）子：古代风俗，立春那天，妇女将彩绸剪做燕子状，并写上“宜春”二字戴在头上。见《荆楚岁时记》。

可曾叫人扫除花径？（贴：　）分付了。（旦：　）取镜台衣服来。（贴取镜台衣服上：　）"云髻罢梳还对镜，罗衣欲换更添香[1]。"镜台衣服在此。（旦：　）好天气也！

【仙吕过曲】【步步娇】（旦：　）袅晴丝吹来闲庭院[2]，摇漾春如线。停半晌，整花钿；没揣菱花，偷人半面，迤逗的彩云偏[3]。（行介）步香闺怎便把全身现！

（贴：　）今日穿插的好。（旦：　）

【醉扶归】你道翠生生出落的裙衫儿茜，艳晶晶花簪八宝填[4]，可知我常一生儿爱好是天然。恰三春好处无人见[5]。不隄防沉鱼落雁鸟惊喧[6]，则怕的羞花闭月花愁颤。

（贴：　）早茶时了，请行。（行介）你看，画廊金粉半零星，池馆苍苔一片青；踏草怕泥新绣袜，惜花疼煞小金铃[7]。（旦：　）不到园林，怎知春色如许！

【皂罗袍】原来姹紫嫣红开遍，似这般都付与断井颓垣[8]。良辰美景奈何天，赏心乐事谁家院！恁般景致，我老爷和奶奶再不提起[9]。（合：　）朝飞暮卷，云霞翠轩，雨丝风片，烟波画船，锦屏人忒看的韶光贱[10]！

（贴：　）是花都放了[11]，那牡丹还早。（旦：　）

【好姐姐】遍青山啼红了杜鹃，荼蘼外烟丝醉软[12]。春香啊，牡丹虽好，他春归怎占的先！（贴：　）成对儿莺燕呵。（合：　）闲凝眄[13]，生生燕语明如翦，呖呖莺歌溜的圆。

（旦：　）去罢。（贴：　）这园子委是观之不足也[14]。（旦：　）提他怎的！（行介）

---

[1] 这两句诗是薛逢《宫词》中的两句。

[2] 晴丝：虫类所吐的丝线，常在空中飘游，春天天气晴朗时最易看见，也叫游丝、飞丝、烟丝。

[3] 这两句意思是：想不到镜子偷偷地照到她（拟人），害得她羞答答地把发髻弄歪了。没揣：不意，蓦然。迤逗：引惹。这几句用拟人的手法，写尽了杜丽娘羞答答的情态。

[4] 多种宝石镶嵌的亮晶晶的发簪。

[5] 这两句的意思是：爱美是我的天性，我的青春美貌就像春天的景致无人看见。爱好：爱美。天然：天性使然。三春好处：比喻自己的青春美貌。

[6] 不隄防：不小心。"隄防"同"提防"。

[7] 惜花疼煞小金铃：《开元天宝遗事》中记载："天宝初，宁王……于后园中纫红丝为绳，密缀金铃，系于花梢之上。每有鸟雀翔集，则令园吏掣铃索以惊之。盖惜花之故也。"疼：为惜花常常掣铃绳，金铃都被掣疼了，是夸张的手法。

[8] 断井颓垣：断了的井栏，残破的围墙。垣（yuán）：墙。

[9] 老爷：指其父亲。奶奶：指其母亲。

[10] 锦屏人：深闺中人。

[11] 是：凡是，所有。

[12] 荼蘼（mí）：花名，晚春开放。

[13] 凝眄：凝视。眄（miǎn）：斜视。

[14] 观之不足：看不厌。

【隔尾】观之不足由他缱[1]，便赏遍了十二亭台是枉然。到不如兴尽回家闲过遣。

(作到介)(贴：)开我西阁门，展我东阁床；瓶插映山紫，鈩添沉水香。小姐，你歇息片时，俺瞧老夫人去也。(下)

(旦叹介)“默地游春转，小试宜春面。”春呵，得和你两留连，春去如何遣？咳，恁般天气，好困人也。春香那里？(作左右瞧介)(又低首沉吟介)天呵，春色恼人，信有之乎！常观诗词乐府，古之女子，因春感情，遇秋成恨，诚不谬矣。吾今年已二八，未逢折桂之夫；忽慕春情，怎得蟾宫之客？昔日韩夫人得遇于郎，张生偶逢崔氏[2]，曾有《题红记》、《崔徽传》二书。此佳人才子，前以密约偷期[3]，后皆得成秦晋[4]。(长叹介)吾生于宦族，长在名门。年已及笄[5]，不得早成佳配，诚为虚度青春，光阴如过隙耳。(泪介)可惜妾身颜色如花，岂料命如一叶乎！

图53　白先勇执导的青春版《牡丹亭》(编者加)

[1] 缱（qiǎn）：留恋。

[2] 韩夫人得遇于郎：唐代传奇，《青琐高议》卷五《流红记》记载：唐僖宗时，宫女韩氏以红叶题诗，从御沟流出，被于佑拾到。于佑也以红叶题诗，投入御沟的上游，寄给韩氏，后来两人结为夫妻。张生偶逢崔氏：即张生和崔莺莺的故事，见唐代元稹《会真记》。元代王实甫将其改编成《西厢记》。《崔徽传》是另外一部唐代爱情传奇，这里恐是《莺莺传》或《西厢记》的误笔。

[3] 偷期：幽会。

[4] 得成秦晋：得成夫妻。春秋时代，秦晋两国世代联姻，后来人们用秦晋代指婚姻。

[5] 及笄：古代女子十五岁开始以笄（簪）束发，叫做及笄，后来代指女子成年。笄（jī）：发簪。

【**山坡羊**】没乱里春情难遣[1]，蓦地里怀人幽怨。则为俺生小婵娟，拣名门一例、一例里神仙眷。甚良缘，把青春抛的远！俺的睡情谁见？则索因循腼腆。想幽梦谁边，和春光暗流转？迁延，这衷怀那处言！淹煎，泼残生[2]，除问天！

身子困乏了，且自隐几而眠[3]。（睡介）（梦生介）（生持柳枝上）“莺逢日暖歌声滑，人遇风情笑口开。一径落花随水入，今朝阮肇到天台[4]。”小生顺路儿跟著杜小姐回来，怎生不见？（回看介）呀，小姐，小姐！（旦作惊起介）（相见介）（生：　）小生那一处不寻访杜小姐来，却在这里！（旦作斜视不语介）（生：　）恰好花园内，折取垂柳半枝。姐姐，你既淹通书史[5]，可作诗以赏此柳枝乎？（旦作惊喜，欲言又止介）（背想）这生素昧平生，何因到此？（生笑介）小姐，咱爱杀你哩！

【**山桃红**】则为你如花美眷，似水流年，是答儿闲寻遍[6]。在幽闺自怜。小姐，和你那答儿讲话去。（旦作含笑不行）（生作牵衣介）（旦低问）那边去？（生：　）过转这芍药栏前，紧靠著湖山石边。（旦低问）秀才，去怎的？（生低答）和你把领扣松，衣带宽，袖梢儿揾著牙儿苫也[7]。则待你忍耐温存一晌眠[8]。（旦作羞）（生前抱）（旦推介）（合：　）是那处曾相见，相看俨然，早难道这好处相逢无一言[9]？（生强抱旦下）

（末扮花神束发冠[10]，红衣插花上）“催花御史惜花天，检点春工又一年。蘸客伤心红雨下[11]，勾人悬梦彩云边。”吾乃掌管南安府后花园花神是也。因杜知府小姐丽娘，与柳梦梅秀才，后日有姻缘之分。杜小姐游春感伤，致使柳秀才入梦。咱花神专掌惜玉怜香，竟来保护他，要他云雨十分欢幸也。

【**鲍老催**】（末：　）单则是混阳蒸变，看他似虫儿般蠢动把风情搧。一般儿娇凝翠绽魂儿颤。这是景上缘，想内成，因中见。呀，淫邪展污了花台殿[12]。咱待拈片落花儿惊醒他[13]。（向鬼门丢花介）他梦酣春透了怎留连？拈花闪碎的红如片。

---

[1] 没乱里：指心情很乱。
[2] 淹煎：受煎熬。泼残生：苦命。
[3] 隐几：“靠着几案”。
[4] 阮肇到天台：见到爱人。用刘晨和阮肇在天台山桃源洞遇见仙女的故事。
[5] 淹通：博通。
[6] 是答儿：到处。
[7] 揾（wù）：擦拨。
[8] 一晌：一会儿。
[9] 早难道：难道，但语气更强。
[10] 末：是老年男人的戏剧角色。
[11] 蘸：指花雨沾在人的身上。
[12] 展污：玷污，弄脏。
[13] 拈（niān）：拾取。

秀才，才到的半梦儿。梦毕之时，好送杜小姐仍归香阁。吾神去也。（下）

【山桃红】（生、旦携手上）（生：　）这一霎天留人便，草藉花眠。小姐可好？（旦低头介）（生：　）则把云鬟点，红松翠偏。小姐，休忘了呵，见了你紧相偎，慢厮连，恨不得肉儿般团成片也，逗的个日下胭脂雨上鲜。（旦：　）秀才，你可去呵？（合：　）是那处曾相见，相看俨然，早难道这好处相逢无一言？

（生：　）姐姐，你身子乏了，将息，将息。（送旦依前作睡介）（轻拍旦介）姐姐，俺去了。（回头顾介）姐姐，你可十分将息，我再来瞧你那。“行来春色三分雨，睡去巫山一片云。”（下）（旦作惊醒，低叫介）秀才，秀才，你去了也？（又作痴睡介）（老旦上）“夫婿坐黄堂，娇娃立绣窗。怪他裙衩上，花鸟绣双双。”孩儿，孩儿，你为甚瞌睡在此？（旦作醒，叫秀才介）咳也。（老旦：　）孩儿怎的来？（旦作惊起介）奶奶到此！（老旦：　）我儿，何不做些针指，或观玩书史，舒展情怀？因何昼寝于此？（旦：　）孩儿适花园中闲玩，忽值春暄恼人，故此回房。无可消遣，不觉困倦少息。有失迎接，望母亲恕儿之罪。（老旦：　）孩儿，这后花园中冷静，少去闲行。（旦：　）领母亲严命。（老旦：　）孩儿，学堂看书去。（旦：　）先生不在，且自消停[1]。（老旦叹介）女孩儿长成，自有许多情态，且自由他。正是：“宛转随儿女，辛勤做老娘。”（下）

（旦长叹介）（看老旦下介）哎也，天那，今日杜丽娘有些侥幸也。偶到后花园中，百花开遍，睹景伤情。没兴而回，昼眠香阁。忽见一生，年可弱冠[2]，丰姿俊妍。于园中折得柳丝一枝，笑对奴家说：“姐姐既淹通书史，何不将柳枝题赏一篇？”那时待要应他一声，心中自忖，素昧平生，不知名姓，何得轻与交言。正如此想间，只见那生向前说了几句伤心话儿，将奴搂抱去牡丹亭畔，芍药阑边，共成云雨之欢。两情和合，真个是千般爱惜，万种温存。欢毕之时，又送我睡眠，几声“将息”。正待自送那生出门，忽值母亲来到，唤醒将来。我一身冷汗，乃是南柯一梦。忙身参礼母亲，又被母亲絮了许多闲话。奴家口虽无言答应，心内思想梦中之事，何曾放怀。行坐不宁，自觉如有所失。娘呵，你教我学堂看书去，知他看那一种书消闷也。（作掩泪介）

【绵搭絮】雨香云片[3]，才到梦儿边。无奈高堂，唤醒纱窗睡不便。泼新鲜冷汗粘煎，闪的俺心悠步亸[4]，意软鬟偏，不争多费尽神情[5]，坐起谁忺[6]？则待去眠。

[1] 消停：休息。
[2] 可：大约。弱冠：二十岁。
[3] 雨香云片：指梦中的幽会。
[4] 步亸：脚步挪不动。亸（duǒ）：偏斜。
[5] 不争多：差不多，几乎。
[6] 忺（qiān）：惬意。

（贴上）“晚妆销粉印，春润费香篝[1]。”小姐，薰了被窝睡罢。

【尾声】（旦：　）困春心游赏倦，也不索香薰绣被眠。天呵，有心情那梦儿还去不远。

春望逍遥出画堂（张说）
间梅遮柳不胜芳（罗隐）
可知刘阮逢人处（许浑）
回首东风一断肠（韦庄）。

【课堂讨论】

《牡丹亭》从古到今都受读者青睐的原因何在?

【课后练习】

1. 请将本文与高中语文课本《窦娥冤》选段做比较，谈谈本文的语言特色。

2. 杜丽娘和崔莺莺都是反抗封建礼教的光辉形象，请谈谈两人性格上的不同之处。

3. 在今天的现实生活中还有爱情悲剧吗？其原因是什么?

[1] 香篝：薰笼。篝（gōu）：薰笼。

临江驿潇湘秋夜雨[1]

杨显之

【提 示】

杨显之，生卒年不详。与关汉卿为莫逆之交。他平易淳朴，古道热肠，常替人修改加工作品，因获有“杨补丁”的雅号。其人品和文品，在曲界享有盛誉，被尊崇为“前辈”、“老先生”，与勾栏艺人友谊甚笃。今存杨显之共创作杂剧八种，今存两种。朱权评其词“如瑶台夜月”。

图 56 京剧版潇湘夜雨（编者加）

第二折

（净扮试官领张千上，诗云）皆言桃李属春官，偏我门墙另一般。何必文章出人上，单要金银满秤盘。小官姓赵，名钱，有一班好事的就与我起个表德[2]，唤做孙李。今年轮着我家掌管主司考卷，我清耿耿不受民钱，干剥剥只要生钞。目下有一举子，姓崔名通字甸士。撺过卷子[3]，拟他第一。只是我还未曾覆试。左右，与我唤将崔秀才来者。（崔甸士上，云）小生崔通。撺过卷子，今场贡主呼唤，须索走一遭去。（张千报科云）报大人得知，崔秀才到了也。（试官云）着他过来。（张千云）着过去。（做见科）（崔甸士云）大人呼唤小生，不知为何？（试官云）你虽然撺过卷子，未曾覆试你。你识字么？（崔甸士云）我做秀才，怎么不识字？大人，那个鱼儿

[1] 《临江驿潇湘秋夜雨》，简称《秋夜潇湘雨》、《潇湘夜雨》、《潇湘雨》、《临江驿》。剧情大致为张翠鸾与秀才崔通结婚以后，崔通中举为官遗弃了张翠鸾。当她千里迢迢寻至崔通任上，还被丈夫诬害发配。张翠鸾受尽苦楚凌辱，终于在临江驿巧遇失散多年、现已官为廉访使的父亲。在父亲的帮助下，张翠鸾亲将崔通拿办。后在救命恩人、义父，亦是崔通的伯父的再三恳求下，她才与崔通重归于好，夫妻团圆。

[2] 表德：绰号。

[3] 撺（cuān）：递交。

不会识水。（试官云）那个秀才，祭丁处不会抢馒头吃。我如今写个字你识：东头下笔西头落。是个甚么字？（崔甸士云）是个“一”字。（试官云）好不枉了中头名状元，识这等难字。我再问你：会联诗么？（崔甸士云）联得。（试官云）河里一只船，岸上八个拽。你联将来。（崔甸士云）若还断了弹，八个都吃跌。（试官云）好！好！待我再试一道：一个大青碗，盛的饭又满。（崔甸士云）相公吃一顿，清晨饱到晚。（试官云）好秀才！好秀才！看了他这等文章，还做我的师父哩。张千，你问这秀才有婚无婚？（张千云）相公问你，有婚无婚。（崔甸士云）有婚是怎生？无婚是怎生？（张千云）相公他问：有婚是怎生?无婚是怎生?（试官云）若有婚，着他秦川做知县去。若无婚，我家中有一十八岁小姐与他为妻。（张千云）敢是一十八岁。（试官云）是一十八岁。（张千云）秀才，俺相公说：你若有婚，着你秦川做知县去。若无婚，有一小姐招你为婿。（崔甸士云）住者，等我寻思波。（背云）我伯父家那个女子，又不是亲养的，知他那里讨来的？我要他做甚么？能可瞒昧神祇[1]，不可坐失机会。（回云）小生实未娶妻。（试官云）既然无妻，我招你做女婿。张千，着梅香在那灶窝里拖出小姐来。（张千云）理会的。（搽旦上，诗云）今朝喜鹊噪，定是姻缘到。随他走个乞儿来，我也只是呵呵笑。妾身是今场贡官的女孩儿。父亲呼唤，须索见去。（做见科，云）父亲，唤你孩儿为着何事？（试官云）唤你来别无他事，我与你招一个女婿。（搽旦云）招了几个？（试官云）只招了一个。你看一看，好女婿么？（崔甸士云）好媳妇。（试官云）好丈人么？（崔甸士云）好丈人。（试官觑张千科，云）好丈母么？（张千云）不敢。（试官云）崔甸士，我今日除你秦川县令，和我女儿一同赴任去。我有一个小曲儿，唤做〔醉太平〕我唱来与你送行者。（唱）

【醉太平】只为你人材是整齐，将经史温习。联诗猜字尽都知，因此上将女孩儿配你。这幞头呵除下来与你戴只[2]。（做除幞头科）这罗襕呵脱下来与你穿只[3]。（做脱罗襕科）弄的光身儿卜精赤条条的。（云）张千，跟着我来。（唱）我去那堂子里把个澡洗。（下）

（崔甸士云）小姐，我与你则今日收拾了行程，便索赴任走一遭去。（诗云）拜辞他桃李门墙，趱行程水远山长[4]。（搽旦诗云）不须办幞头袍笏，便好去幺喝撺箱。（同下）

（正旦上，云）妾身翠鸾的便是。自从崔老的认我做义女儿，他有个侄儿是

[1] 神祇：神是天神，祇是地神，神祇泛指神灵。

[2] 幞（fú）头：头巾。

[3] 罗襕（lán）：丝绸袍子。罗：稀疏的丝织品。襕：袍子。

[4] 趱（zǎn）：赶，加快。

崔甸士，就将我与他侄儿为妻。他侄儿上朝取应去了[1]，可早三年光景，说他得了秦川县令，他也不来取我[2]。如今奉崔老的言语，着我收拾盘缠，直至秦川寻崔甸士走一遭去。他也少不的要看侄儿，就随后来看我。（叹科）嗨！我想这秀才们好是负心也呵。（唱）

【南吕】【一枝花】 不甫能蟾宫折桂枝[3]，金阙蒙宣赐。则道是洞房花烛夜，金榜可兀的挂名时。我为你撇吊了家私，远远的寻途次，恨不能五六里安个堠子[4]。我看了些洒红尘秋雨的这丝丝，更和这透罗衣金风瑟瑟[5]。

【梁州】 我则见舞旋旋飘空的这败叶，恰便似红溜溜血染胭脂。冷飕飕西风了却黄花事。看了些林梢掩映，山势参差。走的我口干舌苦，眼晕头疕[6]。我可也把不住抹泪揉眵[7]，行不上软弱腰肢。我、我、我，款款的兜定这鞋儿，是、是、是，慢慢的按下这笠儿，呀、呀、呀，我可便轻轻的拽起这裙儿。我想起亏心的那厮，你为官消不得人伏侍？你忙杀呵，写不得那半张纸？我也须有个日头儿见你时，好着我仔细寻思。

（云）可早来到秦川县了也。我问人咱。（做向古门问科，云）敢问哥哥，那里是崔甸士的私宅？（内云）则前面那个八字墙门便是。（正旦云）哥哥，我寄着这包袱儿在这里，我认了亲眷呵便采取也。（内云）放在这里不妨事，你自去。（正旦云）门上有人么？你报复去[8]，道有夫人在于门首。（祗从云）兀那娘子，你敢差走了。俺相公自有夫人哩。（正旦云）你道甚么？（祗从云）俺相公自有夫人哩。（正旦唱）

【牧羊关】 兀的是闲言语，甚意思？他怎肯道节外生枝。我和他离别了三年，我怎肯半星儿失志？我则道他不肯弃糟糠妇，他原来别寻了个女娇姿。只待要打灭了这穷妻子，呀、呀、呀，你畅好是负心的崔甸士。

（云）哥哥，你只与我通报一声。（祗从报科[9]，云）告的相公知道，门首有夫人到了也[10]。（搽旦云）兀那厮，你说甚么哩？（祗从云）有相公的夫人在于门首。（搽旦云）他是夫人，我是使女？（崔甸士云）这厮敢听左了。夫人你休出去，只在这里伺候，待我看他去来。（正旦做见认科，云）崔甸士，你好

---

[1] 取应：赶考取功名。
[2] 取：即娶。
[3] 不甫：比一会儿。甫，刚刚。
[4] 堠（hóu）子：古代用作军事瞭望的高台。
[5] 瑟瑟（sè）：风声。
[6] 疕（bǐ）：即痹。
[7] 眵（chī）：眼屎。
[8] 报复：回复。
[9] 祗（zhī）从：随从。
[10] 门首：门外。

负心也。怎生你得了官，不着人来取我？（搽旦云）好也啰，你道你无媳妇，可怎生又有这一个来？我则骂你精驴禽兽，兀的不气杀我也。（做怄气科）（崔甸士云）夫人息怒，这个是我家买到的奴婢。为他偷了我家的银壶台盏，他走了，我一向寻他不着，他今日自来投到，岂不是飞蛾扑火，自讨死吃的？左右，拿将下去，洗剥了与我打着者。（祗从做拿，旦不伏科）（正旦唱）

【隔尾】我则待妇随夫唱和你调琴瑟。谁知你再娶停婚先有个泼贱儿。（搽旦怒云）你这天杀的，他倒骂我哩。（崔甸士云）左右，还不扯下去打呀？（正旦唱）倒将我横拖竖拽离阶址。（带云）崔甸士，（唱）你须记的，那时亲设下誓词。（崔甸士云）胡说，我有甚么誓词。（正旦唱）你说道：不亏心，不亏心，把天地来指。

（崔甸士云）左右，你道他真个是夫人那？不与我拿翻，不与我洗剥，不与我着实打，你须看我老爷的手段，着你一个个充军！（连做拍案，祗从拿倒打科）（正旦唱）

【哭皇天】则我这脊梁上如刀刺，打得来青间紫。飕飕的雨点下，烘烘的疼半时。怎当他无情无情的棍子，打得来连皮彻骨，夹脑通心，肉飞筋断，血溅魂消，直着我一疼来，一疼来一个死。我只问你个亏心甸士，怎揣与我这无名的罪儿？

（崔甸士云）你要乞个罪名么？这个有。左右，将他脸上刺着“逃奴”二字，解往沙门岛去者。（祗从云）理会的。（正旦唱）

【乌夜啼】你这短命贼怎将我来胡雕刺？迭配去别处官司[1]，世不曾见这等跷蹊事。哭的我气噎声丝[2]，诉不出一肚嗟咨[3]。想天公难道不悲慈？只愿得你嫡亲伯父登时至，两下里质对个如何是？看你那能牙利齿，说我甚过犯公私？

（崔甸士云）左右，便差个能行快走的解子[4]，将这逃奴解到沙门岛。一路上则要死的，不要活的，便与我解将去。（正旦云）崔甸士，你好狠也。（唱）

【黄钟煞】休、休、休，劝君莫把机谋使，现、现、现，东岳新添一个速报司。你、你、你，负心人，信有之。咱、咱、咱，薄命妾，自不是。快、快、快，就今日，逐离此。行、行、行，可怜见，只独自。细、细、细，心儿里，暗忖思。苦、苦、苦，业身躯怎动止[5]？管、管、管，少不的在路上停尸。（做悲科

---

[1] 迭配：发配。

[2] 气噎声丝：气噎声音嘶哑。丝：同“嘶”。

[3] 嗟咨：怨恨。

[4] 解（jiè）子：负责押送的皂隶。

[5] 业身躯：即身躯。业，佛教称一切言语、行动、思想为业，分别叫做口业、身业、意业。包括善恶两方面。

唱）哎哟，天那！但不知那塌儿里把我来磨勒死[1]？（同解子下）

（搽旦云）相公，莫非是你的前妻，敢不中么？不如留他在家，做个使用丫头，也省的人谈论。（崔甸士云）夫人不要多心。我那里有前妻来？（搽旦云）他适才说，等你嫡亲伯父来，要和你面对。这怎么说？（崔甸士云）是我有个亲伯父，叫做崔文远。这原是我伯父家丫头，卖与我的。你看他模样倒也看的过。只是手脚不好要做贼。我前日到处寻不着他，今日自来寻我，怎么饶的他过？如今这一去，遇秋天阴雨，棒疮发呵，他也无那活的人也。咱和你后堂中饮酒去来。（诗云）幸今朝捉住逃奴，迭配去必死中途。（搽旦诗云）他若果然是前时妻小，倒不如你也去一搭里当夫[2]。（同下）

第三折

（张天觉领兴儿、祗从上，诗云）一去江州三见春，断肠回首泪沾巾。凄凉唯有云端月，曾照当时离散人。老夫张天觉。自与我孩儿翠鸾在淮河渡翻船之后，可早又三年光景也。谢圣恩可怜，道老夫廉能清正，节操坚刚，常怀报国之心，并无于家之念，加老夫天下提刑廉访使，敕赐势剑金牌。先斩后闻。这圣意无非着老夫体察滥官污吏，审理不明词讼。老夫虽然衰迈，岂敢惮劳[3]？但因想我翠鸾孩儿，忧愁的须鬓斑白，两眼昏花，全然不比往日了。我几年间着人随处寻问，并没消耗[4]。时遇秋天，怎当那凄风冷雨，过雁吟虫，眼前景物，无一件不是牵愁触闷的。兴儿，兀的不天阴下雨了也。行动些。（诗云）一自做朝臣，区区受苦辛。乡园千里梦，鞍马十年尘。亲儿生失散，祖业尽飘沦。正值秋天暮，偏令客思殷。你看那洒洒潇潇雨，更和这续续断断云。黄花金兽眼，红叶火龙鳞。山势嵯峨起，江声浩荡闻。家僮倦前路，一样欲销魂。兴儿，前面到那里也？（兴儿云）老爷，前至临江驿不远了。（张天觉云）若到临江驿，老夫权且驻下者。正是："长江风送客，孤馆雨留人。"（同下）

（正旦带枷锁同解子上，云）好大雨也。（诗云）我本是香闺少女，可怜见无人做主。遭迭配背井离乡。正逢着淋漓骤雨。哥哥，你只管里将我来棍棒临身，不住的拷打，难道你的肚肠能这般硬？更也没那半点儿慈悲的？（做悲科）天阿，天阿，我委实的衔冤负屈也呵。（唱）

【黄钟】【醉花阴】忽听的摧林怪风鼓，更那堪瓮瀽盆倾骤雨[5]。耽疼痛捱程

[1] 那塌儿里：哪里。

[2] 一搭里：一起，一块儿。

[3] 惮劳：害怕劳累。惮（dàn）：害怕，畏惧。

[4] 消耗：消息。

[5] 瓮瀽盆倾：像用瓮和盆往下倒，形容雨势大。瀽（jiǎn）：倾倒。

途[1]。风雨相催。雨点儿何时住？眼见的折挫杀女娇姝。我在这空野荒郊。可着谁做主？

（解子云）快行动些，这雨越下的大了也。（正旦唱）

【喜迁莺】淋的我走投无路，知他这沙门岛是何处酆都[2]？长吁气成云雾。行行里着车辙把腿陷住，可又早闪了胯骨。怎当这头直上急簌簌雨打，脚底下滑擦擦泥淤。

（正旦做跌倒科）（解子云）你怎么跌倒了来？（正旦云）哥哥，这里滑。（解子云）千人万人走都不跌，偏你走便跌倒了？我如今走过去，滑呵，万事罢论。若不滑呵，我将你两条腿打做四条腿。（解子走跌倒科，云）快扶我起来。兀那女子，你往那边儿走，这里有些滑。（正旦唱）

【出队子】好着我急难移步。淋的来无是处。我吃饭时晒干了旧衣服，上路时又淋湿我这布里肚，吃交时掉下了一个枣木梳[3]。

（解子云）你又怎的？（正旦云）掉了我枣木梳儿也。（解子云）掉了罢，到前面别买个梳子与你。（正旦云）哥哥，你寻一寻？到前面你也要梳头哩。（解子云）你也是个害杀人的。（做脚踏科，云）这个想是了。我就这水里把泥洗去了。如今有了梳子，你快行动些。（正旦唱）

【幺篇】我心中忧虑，有三桩事我命卒。（解子云）可是那三桩事？你说我听。（正旦唱）这云呵，他可便遮天映日闭了郊墟[4]，这风呵，恰便似走石吹沙拔了树木，这雨可，他似箭竿悬麻妆助我十分苦[5]。（解子云）你走便走，不走我打你也。（正旦云）哥哥。（唱）

【山坡羊】则愿你停嗔息怒[6]，百凡照觑[7]，怎便精唇泼口骂到有三十句。这路崎岖，水萦纡[8]，急的我战钦钦不敢望前去，况是棒疮发怎支吾？刚挪得半步。（带云）哥哥，你便打杀我呵，（唱）你可也没甚福。（解子云）你休要多嘴多舌。如今秋雨淋漓，一日难走一日。快与我行动些。（正旦唱）

【刮地风】则见他努眼撑睛大叫呼，不邓邓气夯胸脯。我湿淋淋只待要巴前路，哎，行不动我这打损的身躯。（解子喝科，云）还不走哩。（正旦唱）我捱一步又一步何曾停住，这壁厢那壁厢有似江湖。则儿那恶风波，他将我紧当处。问行人踪迹消疏，似这等白茫茫野水连天暮，（带云）哥哥也。（唱）你着我女孩

---

[1] 捱（ái）：艰难地度过。

[2] 酆（fēng）都：民间传说中的阴间。

[3] 吃交：摔跤。交：同“跤”。

[4] 郊墟：郊野。

[5] 妆助：增加。

[6] 嗔（chēn）：怒。

[7] 百凡照觑：一切都看见。百凡：一切。觑（qū）：眯着眼睛看，这里指看。

[8] 萦纡（yíng yū）：弯曲回绕。

儿怎过去？

（解子云）你又怎的？（正旦云）哥哥，这般水深泥泞，我怎生走的过去？望哥哥可怜见，扶我一扶过去。（解子云）则被你定害杀我也。我扶将你过去。我问你，你怎生是他家梅香？你将他家金银偷的那里去了？他如今着我害你的性命哩。你可实对我说。（正旦云）我那里是他家梅香，偷了金银走来？（唱）

【四门子】告哥哥一一言分诉，那官人是我的丈夫。我可也说的是实又不是虚。寻着他指望成眷属，他别娶了妻道我是奴。我委实的衔冤负屈。（解子云）这等说起来，是俺那做官的不是？如今我也饶不得你。快行动些。（正旦唱）

【古水仙子】他、他、他，忒狠毒，敢、敢、敢，昧己瞒心将我图，你、你、你，恶狠狠公隶监束，我、我、我，软揣揣罪人的苦楚。痛、痛、痛，嫩皮肤上棍棒数，冷、冷、冷，铁锁在项上拴住，可、可、可，干支刺送的人活地狱，屈、屈、屈，这烦恼待向谁行诉？（带云）哥哥，（唱）来、来、来，你是我的护身符。

（解子云）天色晚了也。快行动些，寻一个宵宿的去处。（正旦唱）

【随尾】天与人心紧相助，只我这啼痕向脸儿边厢聚。（带云）天那，天那！（唱）眼见的泪点儿更多，如他那秋夜雨。（同下）

【课堂讨论】

悬疑作品为什么吸引人？

【课后练习】

1. 本杂剧语言极富特色，请举例分析。
2. 从两折戏文看，赵钱、崔通是怎样的人物？
3. 分析一部你最喜欢的悬疑作品并自拟题目写一篇文章。

5. 袁宏道作品三则

【提　示】

袁宏道（1568—1610），明代文学家。字中郎，又字无学，号石公，湖北公安（今湖北公安县）人。与兄宗道、弟中道并称“三袁”，开创了文学创作中的“公安派”。他是正式提出文学革命的口号，向模拟的古典主义加以激烈的攻击，创造新的浪漫文学的人。他的创作特点：一是反对模拟，二是不拘格套，三是重性灵，四是重内容。他是一个追求精神自由的人，不要各种规律法则、法令来束缚限制，追求精神自由的理想生活。作品收入《袁中郎全集》。

图 54　袁宏道

百花洲[1]

百花洲在胥盘二门之间。余一夕从盘门出，道逢江进之，问：“百花洲花盛开否，盍往观之？”余曰：“无他物，惟有二三十粪艘，鳞次绮错，氤氛数里而已矣。[2]”进之大笑而别。

拙效传[3]

石公曰：“天下之狡于趋避者，兔也，而猎者得之。乌贼鱼吐墨以自蔽，乃为杀身之梯，巧何用哉？夫藏身之术，雀不如燕，谋身之术，鹳不如鸠[4]，古记之矣，作《拙效传》。”

家有四钝仆：一名冬，一名东，一名戚，一名奎。冬即余仆也。掀鼻削面，蓝睛虬须，色若绣铁。尝从余武昌，偶令过邻生处，归失道，往返数十回，见他仆过者，亦不问。时年已四十余。余偶出，见其凄凉四顾，如欲哭者，呼之，

[1] 本文选自《袁中郎全集 · 游记》

[2] 氤（yīn）：浓烈的气味。

[3] 本文选自《袁中郎全集 · 传记》

[4] 鹳（guàn）：水鸟名。

大喜过望。性嗜酒，一日，家方煮醪[1]，冬乞得一盏，适有他役，即忘之案上，为一婢子窃饮尽。煮酒者怜之，与酒如前。冬佝偻突间，为薪焰所着，一烘而过，须眉几火，家人大笑，仍与他酒一瓶。冬甚喜，挈瓶沸汤中，俟暖即饮，偶为汤所溅，失手堕瓶，竟不得一口，瞠目而出。尝令开门，门枢稍紧，极力一推，身随门辟，头颇触地，足过顶上，举家大笑。今年随至燕邸，与诸门隶嬉游半载，问其姓名，一无所知。

东貌亦古，然稍有诙气，少役于伯修。伯修聘继室时，令至城市饼。家去城百里，吉期已迫，约以三日归。日晡不至，家严同伯修门外望。至夕，见一荷担从柳堤来者，东也。家严大喜，急引至舍，释担视之，仅得蜜一瓮。问饼何在？东曰："咋至城偶见蜜价贱，遂市之，饼价贵，未可市也。"时约以明纳礼，竟不得行。

戚、奎皆三弟仆。戚尝刈薪，跪而缚之，力过绳断，拳及其胸，闷绝仆地，半日始甦[2]。奎貌若野獐，年三十，尚未冠，发后攒作一纽，如大绳状。弟与钱市帽，奎忘其纽，及归，束发加帽，眼鼻俱入帽中，骇叹竟日。一日至比舍，犬逐之，即张空拳相角，如与人交艺者，竟啮其指[3]。其痴绝皆此类。

然余家狡狯之仆，往往得过，独四拙颇能守法。其狡狯者，相继逐去，资身无策，多不过一二年，不免冻馁[4]。而四拙以无过，坐而衣食，主者谅其无他，计口而受之粟，唯恐其失所也。噫！亦足以见拙者之效矣。

丘长儒[5]

去岁一秦贾至[6]，曾寄丘郎书，书中言小修被盗事甚悉，长几丈余。来札至，突云无书，丘郎偶忘之耶？抑贾不甘作附书邮耶？可怪。世为无敢不答书者，必如丘郎乃敢不书，然亦真不须书也。何也？他人无书必嗔，嗔必怪，怪必毒，丘郎即不免嗔，然决无毒我之理，不须书一。丘郎所喜者，豪侠之客，妖冶之容，山水之胜。病子虽吏吴两载，耳实未闻，眼实未见，口实未谈，顾安得如上事与丘郎描写之，不须书二。所见伊何，案牍比簿也，所闻所谈伊何，

[1] 醪（láo）：汁渣混合的酒，又称浊酒，也称醪糟。

[2] 甦：（sū）苏醒。

[3] 竟：终。

[4] 冻馁：受冻挨饿。

[5] 本文选自《袁中郎全集 · 尺牍》。

[6] 贾（gǔ）：商人。

紥火囤也[1]，明见万里也，着实打三十竹皮也，丘郎闻之，亦当为我解颐否耶？不须书三。夫以三不须书之丘郎，而遇懒一忙二病三之袁仲子，然则鳞鸿之未便，踪迹之靡定，贾人之沉浮，又可勿论矣。读来诗无一字不佳，五七言古及诸绝句，古质苍莽，气韵沉雄，真是作者。五言律不浮次之，七言律又次之。大抵物真则贵，真则我面不能同君面，而况古人之面貌乎。唐自有诗也，不必选体也[2]。初盛中晚自有诗也，不必初盛也。李杜王岑钱刘，下迨元白卢郑，

图 55　明代的市民文化比较繁盛（编者加）

各自有诗也，不必李杜也。赵宋亦然，陈欧苏黄诸人，有一字袭唐者乎？又有一字相袭者乎？至其不能为唐，殆是气运使然，犹唐之不能为选，选之不能为汉魏耳。今之君子，乃欲概天下而唐之，又且以不唐病宋。夫既以不唐病宋矣，何不以不选病唐，不汉魏病选，不三百篇病汉[3]，不结绳鸟迹病三百篇耶？果而，反不如一张白纸，诗灯一派，扫土而尽矣。夫诗之气，一代减一代，故古也厚今也薄。诗之奇之妙之工之无所不极，一代盛一代，故古有不尽之情，今无不写之景。然则古何必高今何必卑哉？不知此者，决不可观丘郎诗，丘郎亦不须与观之。弟一病数月，上官已许放归矣。过团风幸出一会弟先遣人报知。

---

[1] 紥（zā）火囤：用女色设骗局诈取财物。

[2] 选：指《文选》，南朝梁萧统著。

[3] 三百篇：指《诗经》。

近作颇有得意处，刻成当呈上。

【课堂讨论】

从“天人合一”和环保文学角度，谈谈你对《百花洲》的看法。

【课后练习】

1. 在《丘长儒》中体现了作者什么样的创作思想?
2. 阅读以上三则作品后，你认为袁宏道和“公安派”有什么文学追求?
3. 结合《拙效传》，谈谈你在以后的工作中应怎样为人处世?

6. 苏小妹三难新郎[1]

冯梦龙

【提　示】

冯梦龙（1574—1646），明朝人，字犹龙，又字公鱼、子犹，别号龙子犹、墨憨斋主人、吴下词奴、姑苏词奴、前周柱史等。他创作，搜集，整理，编辑的小说、戏曲、民歌、笑话等通俗文学三十种，为我国文化宝库留下了一批不朽的珍宝。其中有世人皆知的"三言"（《喻世明言》、《警世通言》、《醒世恒言》），还有《新列国志》、《增补三遂平妖传》、《智囊》等。

图 57　冯梦龙像

聪明男子做公卿，女子聪明不出身。

若许裙钗应科举，女儿那见逊公卿。

自混沌初辟，乾道成男，坤道成女，虽则造化无私，却也阴阳分位。阳动阴静，阳施阴受，阳外阴内。所以男子主四方之事，女子主一室之事。主四方之事的，顶冠束带，谓之丈夫；出将入相，无所不为；须要博古通今，达权知变。主一室之事的，三绺梳头，两截穿衣。一日之计，止无过饔飧井臼；终身之计，止无过生男育女。所以大家闺女，虽曾读书识字，也只要他识些姓名，记些帐目。他又不应科举，不求名誉，

[1] 本文选自《醒世恒言》第十一卷。

诗文之事，全不相干。然虽如此，各人资性不同。有等愚蠢的女子，教他识两个字，如登天之难。有等聪明的女子，一般过目成诵，不教而能。吟诗与李、杜争强[1]，作赋与班、马斗胜[2]。这都是山川秀气，偶然不钟于男而钟于女。且如汉有曹大家[3]，他是个班固之妹，代兄续成汉史。又有个蔡琰[4]，制《胡笳十八拍》，流传后世。晋时有个谢道韫[5]，与诸兄咏雪，有柳絮随风之句，诸兄都不及他。唐时有个上官婕妤[6]，中宗皇帝教他品第朝臣之诗，臧否一一不爽。至于大宋妇人，出色的更多。就中单表一个叫作李易安[7]，一个叫作朱淑真[8]。他两个都是闺阁文章之伯，女流翰苑之才。论起相女配夫，也该对个聪明才子。争奈月下老错注了婚籍，都嫁了无才无学之人，每每怨恨之情，形于笔札。有诗为证：

鸥鹭鸳鸯作一池，须知羽翼不相宜！
东君不与花为主，何似休生连理枝！

那李易安有《伤秋》一篇，调寄《声声慢》：

寻寻觅觅，冷冷清清，凄凄惨惨戚戚。乍暖还寒时候，最难将息。三杯两盏淡酒，怎敌他晚来风急？雁过也，正伤心，却是旧时相识。　满地黄花堆积，憔悴损，如今有谁堪摘？守着窗儿独自，怎生得黑！梧桐更兼细雨，到黄昏、点点滴滴。这次第，怎一个愁字了得！

朱淑真时值秋间，丈夫出外，灯下独坐无聊，听得窗外雨声滴点，吟成一绝：

哭损双眸断尽肠，怕黄昏到又昏黄。
那堪细雨新秋夜，一点残灯伴夜长！

---

[1] 指李白、杜甫。

[2] 指班固、司马相如。

[3] 曹大家（gū）：班固的妹妹班昭，曹世叔的妻子，班固著《汉书》未完成就死了，她代为续成。汉和帝请她到宫里做后妃们的老师，尊称为“大家”。

[4] 蔡琰：东汉时人，蔡邕的女儿。相传《胡笳十八拍》是她所作的。

[5] 谢道韫：晋代人，谢奕的女儿，有名的才女。一天大雪，她叔父谢安问：下雪好像什么呢？她兄弟说“撒盐空中差可拟”，她说“未若柳絮因风起”。

[6] 上官婕妤：即上官婉儿，唐代人。很有文才，善于作诗。武则天作皇帝时，派她掌管诰命。

[7] 李易安：李清照，号易安居士。宋代著名的女词人。

[8] 朱淑真：一作淑贞，号幽栖居士，宋代女词人，钱塘（今浙江杭州）人，著有《断肠集》。

后来刻成诗集一卷，取名《断肠集》。

说话的，为何单表那两个嫁人不着的？只为如今说一个聪明女子，嫁着一个聪明的丈夫，一唱一和，遂变出若干的话文。正是：

说来文士添佳兴，道出闺中作美谈。

话说四川眉州，古诗谓之蜀郡，又曰嘉州，又曰眉山。山有蟇顺、峨眉，水有岷江、环湖，山川之秀，钟于人物。生出个博学名儒来，姓苏名洵，字允明，别号老泉。当时称为老苏。老苏生下两个孩儿，大苏小苏。大苏名轼，字子瞻，别号东坡；小苏名辙，字子由，别号颍滨。二子都有文经武纬之才，博古通今之学，同科及第，名重朝廷，俱拜翰林学士之职。天下称他兄弟，谓之二苏。称他父子，谓之三苏。这也不在话下。更有一桩奇处，那山川之秀，偏萃于一门。两个儿子未为希罕，又生个女儿，名曰小妹，其聪明绝世无双，真个闻一知二，问十答十。因他父兄都是个大才子，朝谈夕讲，无非子史经书，目见耳闻，不少诗词歌赋。自古道：近朱者赤，近墨者黑。况且小妹资性过人十倍，何事不晓。十岁上随父兄居于京师寓中，有绣球花一树，时当春月，其花盛开。老泉赏玩了一回，取纸笔题诗，才写得四句，报说："门前客到！"老泉阁笔而起。小妹闲步到父亲书房之内，看见桌上有诗四句：

天巧玲珑玉一邱，迎眸烂漫总清幽。
白云疑向枝间出，明月应从此处留。

小妹览毕，知是咏绣球花所作，认得父亲笔迹，遂不待思索，续成后四句云：

瓣瓣折开蝴蝶翅，团团围就水晶球。
假饶借得香风送，何羡梅花在陇头。

小妹题诗依旧放在桌上，款步归房。老泉送客出门，复转书房。方欲续完前韵，只见八句已足。读之词意俱美。疑是女儿小妹之笔。呼而问之，写作果出其手。老泉叹道："可惜是个女子！若是个男儿，可不又是制科中一个有名人物！"自此愈加珍爱其女，恣其读书博学，不复以女工督之。看看长成一十六岁，立心要妙选天下才子，与之为配。急切难得。忽一日，宰相王荆公着堂候官请老泉到府与之叙话。原来王荆公，讳安石，字介甫。初及第时，大有贤名。平时常不洗面，不脱衣，身上虱子无数。老泉恶其不近人情，异日必为奸臣，曾作《辨奸论》以讥之，荆公怀恨在心。后来见他大苏、小苏连登制科，遂舍怨而修好。老泉亦因荆公拜相，恐妨二子进取之路，也不免曲意相交。正是：

古人结交在意气，今人结交为势利。
从来势利不同心，何如意气交情深。

是日，老泉赴荆公之召，无非商量些今古，议论了一番时事，遂取酒对酌，不觉忘怀酩酊。荆公偶然夸能："小儿王雱，读书只一遍，便能背诵。"老泉带酒答道："谁家儿子读两遍！"荆公道："到是老夫失言，不该班门弄斧。"老泉道："不惟小儿只一遍，就是小女也只一遍。"荆公大惊道："只知令郎大才，却不知有令爱。眉山秀气，尽属公家矣！"老泉自悔失言，连忙告退。荆公命童子取出一卷文字，递与老泉道："此乃小儿王雱窗课，相烦点定。"老泉纳于袖中，唯唯而出。回家睡至半夜，酒醒，想起前事："不合自夸女孩儿之才。今介甫将儿子窗课属吾点定，必为求亲之事。这头亲事，非吾所愿，却又无计推辞。"沉吟到晓，梳洗已毕，便将王雱所作，次第看之，真乃篇篇锦绣，字字珠玑，又不觉动了个爱才之意。"但不知女儿缘分如何？我如今将这文卷与女传观之，看他爱也不爱。"遂隐下姓名，分付丫环道："这卷文字，乃是个少年名士所呈，求我点定。我不得闲暇，转送与小姐，教他到批阅完时，速来回话。"丫环将文字呈上小姐，传达太老爷分付之语。小妹滴露研朱，从头批点，须臾而毕。叹道："好文字！此必聪明才子所作。但秀气泄尽，华而不实，恐非久长之器。"遂于卷面批云：

新奇藻丽，是其所长；含蓄雍容，是其所短。取巍科则有余[1]，享大年则不足。

后来王雱十九岁中了头名状元，未几夭亡。可见小妹知人之明。这是后话。却说小妹写罢批语，叫丫环将文卷纳还父亲。老泉一见大惊！"这批语如何回复得介甫！必然取怪。"一时污损了卷面，无可奈何，却好堂候官到门："奉相公钧旨，取昨日文卷，面见太爷，还有话禀。"老泉此时，手足无措，只得将卷面割去，重新换过，加上好批语，亲手交堂候官收讫。堂候官道："相公还分付过，有一言动问：贵府小姐曾许人否？倘未许人，相府愿谐秦晋。"老泉道："相府请亲，老夫岂敢不从。只是小女貌丑，恐不足当金屋之选。相烦好言达上，但

[1] 巍科：高中。

访问自知，并非老夫推托。”堂候官领命，回复荆公。荆公看见卷面换了，已有三分不悦。又恐怕苏小姐容貌真个不扬，不中儿子之意，密地差人打听。原来苏东坡学士，常与小姐互相嘲戏。

东坡是一嘴胡子，小妹嘲云：

口角几回无觅处，忽闻毛里有声传。

小妹额颅凸起，东坡答嘲云：

未出庭前三五步，额头先到画堂前。

小妹又嘲东坡下颏之长云：

去年一点相思泪，至今流不到腮边。

东坡因小妹双眼微抠[1]，复答云：

几回拭脸深难到，留却汪汪两道泉。

访事的得了此言，回复荆公，说：“苏小姐才调委实高绝。若论容貌，也只平常。”荆公遂将姻事阁起不题。然虽如此，却因相府求亲一事，将小妹才名播满了京城。以后闻得相府亲事不谐，慕名来求者，不计其数。老泉都教呈上文字，把与女孩儿自阅。也有一笔涂倒的，也有点不上两三句的。就中只有一卷，文字做得好。看他卷面写有姓名，叫做秦观。小妹批四句云：

图 58　苏小妹的故事家喻户晓

今日聪明秀才，他年风流学士。

可惜二苏同时，不然横行一世。

这批语明说秦观的文才，在大苏小苏之间，除却二苏，没人及得。老泉看了，已知女儿选中了此人。分付门上：“但是秦观秀才来时，快请相见。余的都与我辞去。”谁知众人呈卷的，都在讨信。只有秦观不到。却是为何？那秦观秀才字少游，他是扬州府高邮人。腹饱万言，眼空一世。生平敬服的，只有苏家兄弟，以下的都不在意。今日慕

[1] 抠：这里同“眍”，形容眼眶深陷。

小妹之才，虽然衒玉求售，又怕损了自己的名誉，不肯随行逐队，寻消问息。老泉见秦观不到，反央人去秦家寓所致意。少游心中暗喜。又想道：“小妹才名得于传闻，未曾面试，又闻得他容貌不扬，额颅凸出，眼睛凹进，不知是何等鬼脸？如何得见他一面，方才放心。”打听得三月初一日，要在岳庙烧香，趁此机会，改换衣装，觑个分晓。正是：

眼见方为的，传闻未必真。
若信传闻语，枉尽世间人。

从来大人家女眷入庙进香，不是早，定是夜。为甚么？早则人未来，夜则人已散。秦少游到三月初一日五更时分，就起来梳洗，打扮个游方道人模样：头裹青布唐巾，耳后露两个石碾的假玉环儿，身穿皂布道袍，腰系黄绦，足穿净袜草履，项上挂一串拇指大的数珠，手中托一个金漆钵盂，侵早就到东岳庙前伺候。天色黎明，苏小姐轿子已到。少游走开一步，让他轿子入庙，歇于左廊之下。小妹出轿上殿，少游已看见了。虽不是妖娆美丽，却也清雅幽闲，全无俗韵。“但不知他才调真正如何？”约莫焚香已毕，少游却循廊而上，在殿左相遇。少游打个问讯云：

小姐有福有寿，愿发慈悲。
小妹应声答云：
道人何德何能，敢求布施！
少游又问讯云：
愿小姐身如药树，百病不生。
小妹一头走，一头答应：
随道人口吐莲花，半文无舍。
少游直跟到轿前，又问讯云：
小娘子一天欢喜，如何撒手宝山？
小妹随口又答云：
风道人恁地贪痴，那得随身金穴！

小妹一头说，一头上轿。少游转身时，口中喃出一句道：“‘风道人’得对‘小娘子’，万千之幸！”小妹上了轿，全不在意。跟随的老院子，却听得了，怪这道人放肆，方欲回身寻闹，只见廊下走出一个垂髫的俊童，对着那道人叫道：“相公这里来更衣。”那道人便前走，童儿后随。老院子将童儿肩上悄地捻了一把，低声问道：“前面是那个相公？”童儿道：“是高邮秦少游相公。”老院子便不言语。回来时，就与老婆说知了。这句话就传入内里，小妹才晓得那化缘的道人是秦少游假妆的，付之一笑。嘱付丫环们休得多口。

话分两头。且说秦少游那日饱看了小妹容貌不丑，况且应答如响，其才自不必言。择了吉日，亲往求亲。老泉应允，少不得下财纳币。此是二月初旬的事。少游急欲完婚，小妹不肯。他看定秦观文字，必然中选。试期已近，欲要象简乌纱，洞房花烛。少游只得依他。到三月初三礼部大试之期，秦观一举成名，中了制科。到苏府来拜丈人，就禀复完婚一事。因寓中无人，欲就苏府花烛。老泉笑道："今日挂榜，脱白挂绿，便是上吉之日，何必另选日子。只今晚便在小寓成亲，岂不美哉！"东坡学士从傍赞成。是夜与小妹双双拜堂，成就了百年姻眷。正是：

聪明女得聪明婿，大登科后小登科。

其夜月明如昼。少游在前厅筵宴已毕，方欲进房，只见房门紧闭，庭中摆着小小一张桌儿，桌上排列纸墨笔砚，三个封儿，三个盏儿，一个是玉盏，一个是银盏，一个是瓦盏。青衣小环守立旁边。少游道："相烦传语小姐，新郎已到，何不开门？"丫环道："奉小姐之命，有三个题目在此。三试俱中式，方准进房。这三个纸封儿便是题目在内。"少游指着三个盏道："这又是甚的意思？"丫环道："那玉盏是盛酒的，那银盏是盛茶的，那瓦盏是盛寡水的。三试俱中，玉盏内美酒三杯，请进香房。两试中了，一试不中，银盏内清茶解渴，直待来宵再试。一试中了，两试不中，瓦盏内呷口淡水，罚在外厢读书三个月。"少游微微冷笑道："别个秀才来应举时，就要告命题容易了，下官曾应过制科，青钱万选[1]，莫说三个题目，就是三百个，我何惧哉！"丫环道："俺小姐不比寻常盲试官，'之乎者也'应个故事而已。他的题目好难哩！第一题，是绝句一首，要新郎也做一首，合了出题之意，方为中式。第二题四句诗，藏着四个古人，猜得一个也不差，方为中式。到第三题，就容易了，止要做个七字对儿，对得好便得饮美酒进香房了。"少游道："请第一题。"丫环取第一个纸封拆开，请新郎自看。少游看时，封着花笺一幅，写诗四句道：

铜铁投洪冶，蝼蚁上粉墙。
阴阳无二义，天地我中央。

少游想道："这个题目，别人做定猜不着。则我曾假扮做云游道人，在岳庙

[1] 青钱万选：唐代张鷟作的文章很好，人家称他的文章好像青铜钱一样，万选万中，篇篇都好。

化缘，去相那苏小姐。此四句乃含着‘化缘道人’四字，明明嘲我。”遂于月下取笔写诗一首于题后云：

“化”工何意把春催？“缘”到名园花自开。
“道”是东风原有主，“人”人不敢上花台。

丫环见诗完，将第一幅花笺褶做三叠，从窗隙中塞进，高叫道：“新郎交卷，第一场完。”小妹览诗，每句顶上一字，合之乃“化缘道人”四字，微微而笑。少游又开第二封看之，也是花笺一幅，题诗四句：

强爷胜祖有施为，凿壁偷光夜读书。
缝线路中常忆母，老翁终日倚门闾。

少游见了，略不凝思，一一注明。第一句是孙权，第二句是孔明，第三句是子思，第四句是太公望。丫环又从窗隙递进。少游口虽不语，心下想道：“两个题目，眼见难我不倒，第三题是个对儿，我五六岁时便会对句，不足为难。”再拆开第三幅花笺，内出对云：

闭门推出窗前月。

初看时觉道容易，仔细思来，这对出得尽巧。若对得平常了，不见本事。左思右想，不得其对。听得谯楼三鼓将阑，构思不就，愈加慌迫。却说东坡此时尚未曾睡，且来打听妹夫消息。望见少游在庭中团团而步，口里只管吟哦“闭门推出窗前月”七个字，右手做推窗之势。东坡想道：“此必小妹以此对难之，少游为其所困矣！我不解围，谁为撮合？”急切思之，亦未有好对。庭中有花缸一只，满满的贮着一缸清水，少游步了一回，偶然倚缸看水。东坡望见，触动了他灵机，道：“有了！”欲待教他对了，诚恐小妹知觉，连累妹夫体面，不好看相。东坡远远站着咳嗽一声，就地下取小小砖片，投向缸中。那水为砖片所激，跃起几点，扑在少游面上。水中天光月影，纷纷淆乱。少游当下晓悟，遂援笔对云：

投石冲开水底天。

丫环交了第三遍试卷，只听呀的一声，房门大开，内又走出一个侍儿，手捧银壶，将美酒斟于玉盏之内，献上新郎，口称："才子请满饮三杯，权当花红赏劳。"少游此时意气扬扬，连进三盏，丫环拥入香房。这一夜，佳人才子，好不称意。正是：

欢娱嫌夜短，寂寞恨更长。

自此夫妻和美，不在话下。后少游宦游浙中，东坡学士在京，小妹思想哥哥，到京省视。东坡有个禅友，叫做佛印禅师，尝劝东坡急流勇退。一日寄长歌一篇，东坡看时，却也写得怪异，每二字一连，共一百三十对字。你道写的是甚字？

野野　鸟鸟　啼啼　时时　有有　思思　春春　气气　桃桃　花花　发发
满满　枝枝　莺莺　雀雀　相相　呼呼　唤唤　岩岩　畔畔　花花　红红
似似　锦锦　屏屏　堪堪　看看　山山　秀秀　丽丽　山山　前前　烟烟
雾雾　起起　清清　浮浮　浪浪　促促　潺潺　湲湲　水水　景景　幽幽
深深　处处　好好　追追　游游　傍傍　水水　花花　似似　雪雪　梨梨
花花　光光　皎皎　洁洁　玲玲　珑珑　似似　坠坠　银银　花花　折折
最最　好好　柔柔　茸茸　溪溪　畔畔　草草　青青　双双　蝴蝴　蝶蝶
飞飞　来来　到到　落落　花花　林林　里里　鸟鸟　啼啼　叫叫　不不
休休　为为　忆忆　春春　光光　好好　杨杨　柳柳　枝枝　头头　春春
色色　秀秀　时时　常常　共共　饮饮　春春　浓浓　酒酒　似似　醉醉
闲闲　行行　春春　色色　里里　相相　逢逢　竞竞　忆忆　游游　山山
水水　心心　息息　悠悠　归归　去去　来来　休休　役役

东坡看了两三遍，一时念将不出，只是沉吟。小妹取过，一览了然，便道："哥哥，此歌有何难解！待妹子念与你听。"即时朗诵云：

野鸟啼，野鸟啼时时有思。
有思春气桃花发，春气桃花发满枝。
满枝莺雀相呼唤，莺雀相呼唤岩畔。
岩畔花红似锦屏，花红似锦屏堪看。
堪看山，山秀丽，秀丽山前烟雾起。
山前烟雾起清浮，清浮浪促潺湲水。
浪促潺湲水景幽，景幽深处好，深处好追游。

追游傍水花，傍水花似雪同，似雪梨花光皎洁。
梨花光皎洁玲珑，玲珑似坠银花折。
似坠银花折最好，最好柔茸溪畔草。
柔茸溪畔草青青，双双蝴蝶飞来到。
蝴蝶飞来到落花，落花林里鸟啼叫。
林里鸟啼叫不休，不休为忆春光好。
为忆春光好杨柳，杨柳枝头春色秀。
枝头春色秀时常共饮，时常共饮春浓酒。
春浓酒似醉，似醉闲行春色里。
闲行春色里相逢，相逢竞忆游山水。
竞忆游山水心息，心息悠悠归去来，归去来休休役役。

东坡听念，大惊道："吾妹敏悟，吾所不及！若为男子，官位必远胜于我矣！"遂将佛印原写长歌，并小妹所定句读，都写出来，作一封儿寄与少游。因述自己再读不解，小妹一览而知之故。少游初看佛印所书，亦不能解。后读小妹之句，如梦初觉，深加愧叹。答以短歌云：

未及梵僧歌，词重而意复。字字如联珠，行行如宝玉。
想汝惟一览，顾我劳三复。裁诗思远寄，因以真类触。
汝其审思之，可表予心曲。

短歌后制成叠字诗一首，却又写得古怪：

思伊久阻归期
静　　　　　忆
转漏闻时离别

少游书信到时，正值东坡与小妹在湖上看采莲。东坡先拆书看了，递与小妹，问道："汝能解否？"小妹道："此诗乃仿佛印禅师之体也。"即念云：

静思伊久阻归期，久阻归期忆别离。
忆别离时闻漏转，时闻漏转静思伊。

东坡叹道："吾妹真绝世聪明人也！今日采莲胜会，可即事各和一首，寄与少游，使知你我今日之游。”东坡诗成，小妹亦就。小妹诗云：

莲人在绿杨津
采　　　一
玉嗽声歌新阙

东坡诗云：
花归去马如飞
赏　　　酒
暮已时醒微力

照少游诗念出，小妹叠字诗，道是：

采莲人在绿杨津，在绿杨津一阙新。
一阙新歌声嗽玉，歌声嗽玉采莲人。

东坡叠字诗，道是：

赏花归去马如飞，去马如飞酒力微。
酒力微醒时已暮，醒时已暮赏花归。

二诗寄去，少游读罢，叹赏不已。其夫妇酬和之诗甚多，不能详述。后来少游以才名被征为翰林学士，与二苏同官。一时郎舅三人，并居史职，古所希有。于是宣仁太后亦闻苏小妹之才，每每遣内官赐以绢帛或饮馔之类，索他题咏。每得一篇，宫中传诵，声播京都。其后小妹先少游而卒，少游思念不置，终身不复娶云。有诗为证：

文章自古说三苏，小妹聪明胜丈夫。
三难新郎真异事，一门秀气世间无。

【课堂讨论】

本篇纯属虚构，却流传甚广，为什么虚构的故事能赢得长久美名?

【课后练习】

1. 从故事中可看到当时的人们有着怎样的爱情观?

2. 联系此前的写女性形象的作品，看看中国妇女的社会地位发生了怎样的变化?

3. 请以《嫁得好不如干得好》为题撰文，从一定角度谈自己对女性命运的看法。

7. 胡四娘[1]

蒲松龄

【提　示】

蒲松龄（1640—1715），字留仙，一字剑臣，别号柳泉居士，淄川（今山东淄博）人，清代小说家。从小勤奋好学，但自十九岁“弁冕童科”之后，屡试不第，直到七十一岁高龄才援例成为贡生。科场的失败使他悲愤万分，他把满腔义愤寄托于《聊斋志异》的创作中，加之自幼喜欢民间文学，于是便广泛搜集精怪鬼魅的奇闻异事，吸取创作营养，熔铸进自己的生活体验，创作出杰出的文言短篇小说集《聊斋志异》。他还写有通俗俚曲十四种，以浓厚的地方色彩从不同角度揭露了社会的黑暗和人间的不平。此外，还有《聊斋文集》、《聊斋诗集》等。

图 59　蒲松龄创造了一个狐妖鬼魅的世界

（编者加）

程孝思，剑南人，少惠能文。父母俱早丧，家赤贫，无衣食业，求佣为胡银台司笔札。胡公试使文，大悦之，曰：“此不长贫，可妻也。”

银台有三子四女，皆褓中论亲于大家；止有少女四娘，孽出[2]，母早亡，笄年未字[3]，遂赘程[4]。或非笑之，以为惛耄之乱命，而公弗之顾也，除馆馆生，供备丰隆。群公子鄙不与同食，婢仆咸揶揄焉。

[1] 此篇为志异小说，写世态炎凉、人情淡薄，举世皆如此。

[2] 孽出：庶出，妾所生。

[3] 未字：旧指女子尚未许配。

[4] 赘：赘婿，俗称上门女婿。

生默默不较短长，研读甚苦，众从旁厌讥之，程读弗辍；群又以鸣钲锽聒其侧，程携卷去，读于闺中。初，四娘之未字也，有神巫知人贵贱，遍观之，都无谀词，惟四娘至，乃曰："此真贵人也！"及赘程，诸姊妹皆呼之"贵人"以嘲笑之，而四娘端重寡言，若罔闻之。渐至婢媪，亦率相呼。四娘有婢名桂儿，意颇不平，大言曰："何知吾家郎君，便不作贵官耶？"二姊闻而嗤之曰："程郎如作贵官，当抉我眸子去！"桂儿怒而言曰："到尔时，恐不舍得眸子也！"二姊婢春香曰："二娘食言，我以两睛代之。"桂儿益恚，击掌为誓曰："管教两丁盲也！"二姊忿其语侵，立批之，桂儿号哗。夫人闻知，即亦无所可否，但微哂焉[1]。桂儿噪诉四娘，四娘方绩，不怒亦不言，绩自若。

图 60 在《聊斋志异》中胡四娘是一个独特的女子（编者加）

会公初度，诸婿皆至，寿仪充庭。大妇嘲四娘曰："汝家祝仪何物？"二妇曰："两肩荷一口！"四娘坦然，殊无惭怍。人见其事事类痴，愈益狎之。独有公爱妾李氏，三姊所自出也，恒礼重四娘，往往相顾恤。每谓三娘曰："四娘内慧外朴，聪明浑而不露，诸婢子皆在其包罗中而不自知。况程郎昼夜攻苦，夫岂久为人下者？汝勿效尤，宜善之，他日好相见也。"故三娘每归宁，辄加意相欢。

是年，程以公力得入邑庠。明年，学使科试士，而公适薨[2]，程缞哀如子，未得与试。既离苫块，四娘赠以金，使趋入"遗才"籍。嘱曰："曩久居，所不被呵逐者，徒以有老父在，今万分不可矣！倘能吐气，庶回时尚有家耳。"临别，李氏、三娘赂遗优厚。程入闱，砥志研思，以求必售。无何，放榜，竟被黜。

---

[1] 哂（shěn）：微笑。

[2] 薨（hōng）：死的别称。

愿乖气结，难于旋里，幸囊资小泰，携卷入都。时妻党多任京秩，恐见诮讪，乃易旧名，诡托里居，求潜身于大人之门。东海李兰台见而器之，收诸幕中，资以膏火，为之纳贡，使应顺天举，连战皆捷，授庶吉士。自乃实言其故。李公假千金，先使纪纲赴剑南，为之治第。时胡大郎以父亡空匮，货其沃墅，因购焉。既成，然后贷舆马往迎四娘[1]。

先是，程擢第后，有邮报者，举宅皆恶闻之；又审其名字不符，叱去之。适三郎完婚，戚眷登堂为餪[2]，姊妹诸姑咸在，惟四娘不见招于兄嫂，忽一人驰入，呈程寄四娘函信，兄弟发视，相顾失色。筵中诸眷客，始请见四娘，姊妹惴惴，惟恐四娘衔恨不至。无何，翩然竟来。申贺者，捉坐者，寒暄者，喧杂满屋。耳有听，听四娘；目有视，视四娘；口有道，道四娘也；而四娘凝重如故。众见其靡所短长，稍就安帖，于是争把盏酌四娘。方宴笑间，门外啼号甚急，群致怪问。俄见春香奔入，面血沾染，共诘之，哭不能对。二娘呵之，始泣曰："桂儿逼索眼睛，非解脱，几抉去矣！"二娘大惭，汗粉交下。四娘漠然，合坐寂无一语，各始告别[3]。四娘盛妆，独拜李夫人及三姊，出门登车而去。众始知买墅者，即程也。四娘初至墅，什物多阙。夫人及诸郎各以婢仆、器具相赠遗，四娘一无所受；惟李夫人赠一婢，受之。居无何，程假归展墓，车马扈从如云。诣岳家，礼公柩，次参李夫人。诸郎衣冠既竟，已升舆矣。胡公殁，群公子日竞资财，柩之弗顾。数年，灵寝漏败，渐将以华屋作山丘矣。程睹之悲，竟不谋于诸郎，刻期营葬，事事尽礼。殡日，冠盖相属，里中咸嘉叹焉[4]。

程十余年历秩清显，凡遇乡党厄急，罔不极力。二郎适以人命被逮，直指巡方者，为程同谱，风规甚烈。大郎浼妇翁王观察函致之，殊无裁答，益惧。欲往求妹，而自觉无颜，乃持李夫人手书往。至都，不敢遽进。觑程入朝，而后诣之。冀四娘念手足之义，而忘睚眦之嫌。阍人既通，即有旧媪出，导入厅事，具酒馔，亦颇草草。食毕，四娘出，颜温霁[5]，问："大哥人事大忙，万里何暇枉顾？"大郎五体投地，泣述所来。四娘扶而笑曰："大哥好男子，此何大事，直复尔尔？妹子一女流，几曾见呜呜向人？"大郎乃出李夫人书。四娘曰："诸兄家娘子，都是天人，各求父兄，即可了矣，何至奔波到此？"大郎无词，但顾哀之。四娘作色曰："我以为跋涉来省妹子，乃以大讼求贵人耶！"拂袖径

---

[1] 贷：一本作"遣"。

[2] 餪（nuǎn）：女嫁三日后，母亲或亲戚送食品或办酒祝贺。

[3] 各：一本作"客"。

[4] 咸，都。

[5] 霁（jì）：收敛威怒之貌，呈和悦之色。

入。大郎惭愤而出。归家详述，大小无不诟詈[1]，李夫人亦谓其忍。逾数日，二郎释放宁家，众大喜，方笑四娘之徒取怨谤也。俄而四娘遣价候李夫人。唤入，仆陈金币，言：“夫人为二舅事，遣发甚急，未遑字覆。聊寄微仪，以代函信。”众始知二郎之归，乃程力也。后三娘家渐贫，程施报逾于常格。又以李夫人无子，迎养若母焉。

【课堂讨论】

炎凉世态产生的原因是什么？我们如何面对？

【课后练习】

1．胡四娘是怎样的一个人？

2．将本篇与你读过的《聊斋志异》作品作比较，看看作者所“志”之“异”异在哪里。

3．以胡四娘的口吻改写此篇。

---

[1] 詈（lì）：责备。

8. 金缕衣·亡妇忌日有感

纳兰性德

【提　示】

纳兰性德（1655—1685），清代词人。本名成德，后因避讳改为性德，字容若，号楞伽山人，满洲正黄旗人。其父纳兰明珠，官至武英殿大学士，太子太师，是康熙前期的重臣。纳兰性德聪颖早慧，十八岁中举人，十九岁中贡士，二十二岁殿试二甲七名。他博通经史，工于书法，精于绘画，在词道上颇有建树。梁启超评价说："容若小词，直追李后主。其经解为经学家称道。其记一地之胜，摭史实典故，多有佳趣。偶评政治人物，见地超绝。评议诗文，精到且有自得。"（《渌水亭杂识跋》）

二十四岁时，他把自己的词作编选成集，名为《侧帽集》，后更名为《饮水词》。再后有人将其词集增遗补缺，编辑成《纳兰词》。

图 50　纳兰性德——身世显赫的婉约派词人（编者加）

图 51 金缕玉衣图

此恨何时已。滴空阶、寒更雨歇，葬花天气。三载悠悠魂梦杳[1]，是梦久应醒矣。料也觉、人间无味。不及夜台尘土隔，冷清清、一片埋愁地。钗钿约[2]，竟抛弃。

重泉若有双鱼寄[3]。好知他、年来苦乐，与谁相依。我自中宵成转侧，忍听湘弦重理[4]。待结个、他生知己。还怕两人俱薄命，再缘悭、剩月零风里[5]。清泪尽，纸灰起。

【课堂讨论】

中国文学中的“祷七”现象是如何形成的?

---

[1] 杳（yǎo）：远。

[2] 钗钿（diàn）是女子的饰物，钗钿约指夫妻间的盟约。

[3] 重泉：黄泉，九泉。双鱼：指书信。

[4] 湘弦：指琴瑟类弦乐。

[5] 缘悭（qián）：缘分太少。悭：吝啬。剩月零风：喻好景不长。

【课后练习】

1．本词所使用的意象很丰富，请找出这些意象，并说说这些意象对表达作者感情的作用。

2．纳兰性德为亡妻所写的悼亡词多达二十几首，请找《青衫湿·悼亡》或《南乡子·为亡妇题照》来与课文在艺术特色和思想感情方面做一对比。

3．请为你一位已去世的亲人写篇悼词，要求文情并具。

第六讲

近代文

《人间词话》二则

王国维

【提　示】

王国维（1877—1927），字静安，号观堂，浙江海宁人。近代中国著名学者，杰出的古文字学、古器物学、古史地学家，诗人，文艺理论学，哲学家，国学大师。他从事文史哲学研究数十载，是近代中国最早运用西方哲学、美学、文学观点和方法剖析评论中国古典文学的开风气者，又是中国史学史上将历史学与考古学相结合的开创者，确立了较系统的近代标准和方法。生平著述六十二种，批校的古籍逾二百种（收录《海宁王静安先生遗书》的有四十二种，以《观堂集林》最为著名），被誉为“中国近三百年来学术的结束人，最近八十年来学术的开创者”。

图 61　王国维（编者加）

写实家与理想家[1]

自然中之物，互相关系，互相限制。然其写之于文学及美术中也，必遗其关系、限制之处。故写实家，亦理想家也。又虽如何虚构之境，其材料必求之于自然，而其构造，亦必从自然之法则。故理想家，亦写实家也。

[1] 选自《人间词话·上》第五则。

境界不以大小分优劣[1]

境界有大小，不以是而分优劣。“细雨鱼儿出，微风燕子斜”[2]，何遽不若“落日照大旗，马鸣风萧萧”[3]？“宝帘闲挂小银钩”[4]，何遽不若“雾失楼台，月迷津渡”[5]也。

【课堂讨论】

对“故理想家，亦写实家也”这句话，你怎样理解？

【课后练习】

1．谈谈你对王国维“境界”说的看法。
2．任选以上两则之一的观点，分析一篇中国古典诗词？
3．王国维的美学思想在当今有什么价值？

---

[1] 选自《人间词话·上》第八则。

[2] 见唐杜甫《水槛遣心二首》之一：“去郭轩楹敞，无村眺望赊。澄江平少岸，幽树晚多花。细雨鱼儿出，微风燕子斜。城中十万户，此地两三家。”

[3] 见唐杜甫《后出塞五首》之二：“朝进东门营，暮上河阳桥。落日照大旗，马鸣风萧萧。平沙列万幕，部伍各见招。中天悬明月，令严夜寂寥。悲笳数声动，壮士惨不骄。借问大将谁，恐是霍嫖姚。”

[4] 见宋秦观《浣溪沙》：“漠漠轻寒上小楼，晓阴无赖似穷秋，淡烟流水画屏幽。自在飞花轻似梦，无边丝雨细如愁，宝帘闲挂小银钩。”

[5] 见宋秦观《踏莎行》：“雾失楼台，月迷津渡，桃源望断无寻处。可堪孤馆闭春寒，杜鹃声里斜阳暮。 驿寄梅花，鱼传尺素，砌成此恨无重数。郴江幸自绕郴山，为谁流下潇湘去。”

盛世危言·捐纳篇[1]

郑观应

【提 示】

郑观应（1842—1922），本名官应，字正翔，号陶斋，又号居易、杞忧生，广东香山县（今中山县）人。中国近代出身于买办而逐渐走上维新之路的著名民族商人，中国近代最早提倡民主和科学的启蒙思想家。他提出“君主立宪”和“商战”，思想矛头直指数千年高度专制的封建皇权。《盛世危言》一书对康有为、孙中山和毛泽东等改革者影响极大。

捐纳一途昉于汉之纳粟得官，本衰世之政，而行之于今几视为终南捷径[2]。窃以为此必须改革者也。

何则？官所以维持公道，若私心不绝，则必公道不明。捐纳者仕版未登，债台先筑，势必剥民偿欠、蠹国肥家[3]。其或称饶富、号素封者，而以钱买官，亦复同于垄断，纵使清廉自矢，亦不能取信于人。夫鬻爵卖官乃弊政之尤[4]，此盖古昔权臣乘便营私，借是以窃朝纲而收物望，所谓拜爵公朝、受恩私室也。今之捐纳几同市道，明相授受固无虑比。且捐班中正多奇士，明白世事或胜于科甲之人。今欲一旦骤行废之，天下怀才求仕者，得毋因此而觖望？不知吾正欲使天下之人，人人皆可以为官，天下之士，人人皆可以从政，惟必先废乎此，乃能兴乎彼耳。

且夫捐纳之中，亦有数等。抱理烦治剧之长而屡试不售，怀御侮折冲之略而资格不符，捐纳不行则其人何以表见？矧与其奔竞权门、夤缘窃爵[5]，孰若输资国帑得遂明扬[6]？此捐纳之实情也。今吾将于数等之中，为取才之方而公之以选举。若存捐纳之一途，则才将以无所鼓励而自废。以废才而授之政，非所以重名器也。官者出与民间办一切公事者也，其人而有能，则人必乐其为官。是官无求于人，而人有求于官。夫至人求而后为官，名器之重则真重矣，其能

[1] 此篇是《盛世危言》十四卷本增写的四十六篇之一。
[2] 终南捷径：此指捐纳是求官的最便捷的门路。
[3] 蠹（dù）：比喻侵夺和损耗国家财物的人和事。
[4] 鬻（yù）：卖，卖官鬻爵。
[5] 矧（shěn）：连词。况，况且。 夤（yín）缘：攀援，攀附，比喻拉拢关系。
[6] 帑（tǎng）：国库里的钱财，此指国家的金库。

副乎民望可知也，其能善于从政可知也。以是治民，民必蒙其福。盖其人地与民相近，情与民相亲，必能视民事为己事，而于职自无废弛，民自日征其悦服矣。官民一气，而世或不治者，未之有也。而非先废捐纳不可。

夫取才者视其法之真伪，以真法取才，则真才出，而伪才去矣。以伪法取才，则伪才进，而真才亡矣。今当振奋之初，事求实效必自官场始。而官尚清廉，必自废捐纳始。官之大患曰贪，捐纳者输资于国而欲取偿于民，求其不贪，安可得乎？夫国家不患有谋利之人，而特患其谋利之不善。盖利赖不兴则民生不遂，民生不遂则国势必衰。则何不令捐官之人转为商贾，作商得财，人皆仰之。作官得财，人皆鄙之。孰得孰失，不待智者而自辨矣。

中国民殷物阜，世之席丰履厚者最喜于邀爵秩以为荣。捐纳若设，则国家亦有所资。捐纳者当给以虚衔，而不畀以实官，是或一道也。至于豪商大贾、巨室富家，或乐善好施，或急公奉上，亦宜宠之以簪缨[1]，荣之以衣顶，以励庸流，用知劝勉，亦为情理兼尽，惟不可使之身临民事。

夫捐纳之弊，其害已至于不可问。即使旅进旅退无所短长，而捐纳之例存，则为官失治平之本领，捐纳之例废，则从政得称职之真才。张弛之机，实系乎此。

图 62　从《清明上河图》可领略古代人们的商贸活动（编者加）

盖捐纳既停，则凡人一技之长、一艺之擅皆可以为官，而有志于技艺者无不见其专长独擅，凡一法之善、一事之能皆可以入政，而留心者愈众。孰得而掩其所善、没其所能？如是，又何俟乎捐纳也哉。且天下之才有以鼓励之则无

[1] 簪（zān）缨：古代官员帽子上的饰物，借指大官。

限量，吾将以无限量者收才，才皆入吾夹袋之中，是无才非吾才矣。盖捐纳留则才隘而私，捐纳废则才广而公，必然之势也。

民既不捐官而为商，宜令民间纠合公司大兴商务。如利薮可兴、办有成效者，国家给以称颂功牌。若生意不前折阅负累者，国家许其报穷免究。如此而商务不振者未之有也。今华商之善贾，虽西人亦自愧弗如。捐纳一废，则善攻心计之流皆转而为斗智投时之举，而国家之阴受其利者多矣。

且夫人之所重惟利与名，使为贾者不得为官，则人或以商务为浊流而鄙夷不屑，乃为官者正不嫌其为贾，则人将以商务为正路而黾勉以图。商贾中如有品行刚方、行事中节者，人必举以为议员以办公事，是求利中不失其求名之望，求名中可遂其求利之心。况官由众举而来，磊落光明，此捐纳者之婢膝奴颜声价百倍矣。

故捐纳行虽欲求好官决不能得，捐纳废虽不欲求官，而官将辞之不得矣。且也捐纳废而后好官出，好官出而后公道明，公道明而后民志畅，民忘畅而后国运昌。我国家宜知所务矣。

【课堂讨论】

比较“富强救国”与“强兵救国”的思想。

【课后练习】

1．浅谈清朝“捐纳”制度的形成、发展及其影响?

2．废除“捐纳”制度有何积极影响?

3．“则何不令捐官之人转为商贾”这一思想在当今有何积极意义?

第七讲

现当代诗文、小说

距离的组织

卞之琳

【提　示】

卞之琳（1910—2000），祖籍江苏溧水，生于江苏海门汤家镇。近代诗人、学者。曾在北京大学、西南联大、南开大学任教。卞之琳于20世纪30年代出现于诗坛，曾加入过“新月派”。卞之琳善于从中国古典诗词中汲取营养，他的诗联想丰富，结构精巧，善于从日常生活中挖掘出常人意料不到的诗意和哲理。在半个多世纪的创作生涯中，卞之琳坚持不懈地进行诗歌创作和理论研究，成功地实验和引进了西方多种现代诗歌形式，为中国象征主义、现代主义诗歌的发展开拓出巨大的空间，对中国新诗的发展起到“启蒙者”的作用，并取得了相当的艺术成就。

想独上高楼读一遍《罗马衰亡史》，
忽有罗马灭亡星出现在报上[1]。
报纸落。地图开，因想起远人的嘱咐。
寄来的风景也暮色苍茫了。
（醒来天欲暮，无聊，一访友人吧。）
灰色的天。灰色的海。灰色的路。
哪儿了？我又不会向灯下验一把土[2]。

---

[1] 传为罗马帝国灭亡时新生成的星体，昭示了罗马帝国走向灭亡的命运。

[2]《大公报》曾记载有奇人王同春，只需抓一把土向灯下一看即知身在何处。此处用此典暗示诗人思绪的广阔与迷茫。

忽听得一千重门外有自己的名字。
好累呵！我的盆舟没有人戏弄吗[1]？
友人带来了雪意和五点钟。

图 67 人散后一钩新月天如水 （丰子恺）

【课堂讨论】

本诗中“独上高楼”和“一千重门外”有何含义？

【课后练习】

1．“灯下验土”典故在这首诗里起到什么样的作用？
2．谈谈你对卞之琳诗歌意象的理解。
3．你有登高远望的经历吗？请自拟标题作文。

---

[1] 戏弄盆舟句：聊斋《白莲教》篇：“白莲教某者，山西人，忘其姓名……某一日，将他往，堂上置一盆，又一盆覆之，嘱门人坐守，戒勿启视。去后，门人启之。视盆贮清水，水上编草为舟，帆樯具焉。异而拨以指，随手倾侧，急扶如故，仍覆之。俄而师来，怒责：‘何违我命！’门人力白其无。师曰：‘适海中舟覆，何得欺我！’”

2. 沈从文先生在西南联大[1]

汪曾祺

【提　示】

汪曾祺（1920—1997），江苏高邮人，现、当代著名小说家、散文家。著有小说集《邂逅集》，散文集《蒲桥集》，大部分作品收录在《汪曾祺全集》中。其创作内容多为童年、故乡、记忆中的人和事。作品风格浑朴自然，清淡委婉，力求淡泊，脱离了外界的喧哗和干扰，只精心营构自己的艺术世界。

沈先生在联大开过三门课[2]：各体文习作、创作实习和中国小说史。三门课我都选了，——各体文习作是中文系二年级必修课，其余两门是选修。西南联大的课程分必修与选修两种。中文系的语言学概论、文字学概论、文学史（分段）……是必修课，其余大都是任凭学生自选。诗经、楚辞、庄子、昭明文选、唐诗、宋诗、词选、散曲、杂剧与传奇……选什么，选哪位教授的课都成，但要凑够一定的学分（这叫“学分制”）。一学期我只选两门课，那不行。自由，也不能自由到这种地步。

图 63　沈从文与张兆和

创作能不能教？这是一

[1] 1937 年抗日战争发生，北京大学、清华大学、南开大学先迁至湖南长沙，组成长沙临时大学。1938 年 4 月又西迁昆明，改称国立西南联合大学。西南联大组成以后，联大师生在极其艰苦的条件下，坚持严谨的治学态度，树立优良学风，是当时中国规模最大的著名高等学府。1946 年西南联大解散，三校分别迁回北京、天津复校。西南联大虽然只有八年校史，但是却创造了中国教育史上的奇迹，成为永久的精神象征。

[2] 沈先生：指沈从文。沈从文（1902—1988）原名沈岳焕，湖南凤凰县人，现代著名作家、历史文物研究家。1924 年开始文学创作，抗战爆发后到西南联大任教。其代表作《边城》、《长河》等创造了美丽的湘西世界，具有浓郁的地方色彩，充满了对人生的隐忧和对生命的思考。

个世界性的争论问题。很多人认为创作不能教。我们当时的系主任罗常培先生就说过：大学是不培养作家的，作家是社会培养的。这话有道理。沈先生自己就没有上过什么大学。他教的学生后来成为作家的，也极少。但是也不是绝对不能教。沈先生的学生现在能算是作家的，也还有那么几个。问题是由什么样的人来教，用什么方法教。现在的大学里很少开创作课的，原因是找不到合适的人来教。偶尔有大学开这门课的，收效甚微，原因是教得不甚得法。

教创作靠“讲”不成。如果在课堂上讲鲁迅先生所讥笑的“小说作法”之类，讲如何作人物肖像，如何描写环境，如何结构，结构有几种——攒珠式的、桔瓣式的……那是要误人子弟的。教创作主要是让学生自己“写”。沈先生把他的课叫做“习作”、“实习”很能说明问题。如果要讲，那“讲”要在“写”之后。就学生的作业，讲他的得失。教授先讲一套，放学生照猫画虎，那是行不通的。

沈先生是不赞成命题作文的，学生想写什么就写什么。但有时在课堂上也出两个题目。沈先生出的题目都非常具体。我记得他曾给我的上一班同学出过一个题目：“我们的小庭院有什么”，有几个同学就这个题目写了相当不错的散文，都发表了。他给比我低一班的同学曾出过一个题目：“记一间屋子里的空气”！我的那一班出过些什么题目，我倒不记得了。沈先生为什么出这样的题目？他认为：先得学会车零件，然后才能学组装。我觉得先作一些这样的片段的习作，是有好处的，这可以锻炼基本功。现在有些青年文学爱好者，往往一上来就写大作品，篇幅很长，而功力不够，原因就在零件车得少了。

沈先生的讲课，可以说是毫无系统。前已说过，他大都是看了学生的作业，就这些作业讲一些问题。他是经过一番思考的，但并不去翻阅很多参考书。沈先生读很多书，但从不引经据典，他总是凭自己的直觉说话，从来不说阿里斯多德怎么说，福楼拜怎么说、托尔斯泰怎么说、高尔基怎么说。他的湘西口音很重，声音又低，有些学生听了一堂课，往往觉得不知道听了一些什么。沈先生的讲课是非常谦抑，非常自制的。他不用手势，没有任何舞台道白式的腔调，没有一点哗众取宠的江湖气。他讲得很诚恳，甚至很天真。但是你要是真正听“懂”了他的话，——听“懂”了他的话里并未发挥罄尽的余意，你是会受益匪浅，而且会终生受用的。听沈先生的课，要像孔子的学生听孔子讲话一样：“举一隅而三隅反”。

沈先生讲课时所说的话我几乎全都忘了（我这人从来不记笔记）！我们有一个同学把闻一多先生讲唐诗课的笔记记得极详细，现已整理出版，书名就叫《闻一多论唐诗》，很有学术价值，就是不知道他把闻先生讲唐诗时的“神气”记下来了没有。我如果把沈先生讲课时的精辟见解记下来，也可以成为一本《沈从文论创作》，可惜我不是这样的有心人。

沈先生关于我的习作讲过的话我只记得一点了，是关于人物对话的。我写了一篇小说（内容早已忘记干净），有许多对话。我竭力把对话写得美一点，有诗意，有哲理。沈先生说："你这不是对话，是两个聪明脑壳打架！"从此我知道对话就是人物所说的普普通通的话，要尽量写得朴素。不要哲理，不要诗意。这样才真实。

沈先生经常说的一句话是："要贴到人物来写。"很多同学不懂他的这句话是什么意思。我以为这是小说学的精髓。据我的理解，沈先生这句极其简略的话包含这样几层意思：小说里，人物是主要的，主导的；其余部分都是派生的，次要的。环境描写、作者的主观抒情、议论，都只能附着于人物，不能和人物游离，作者要和人物同呼吸、共哀乐。作者的心要随时紧贴着人物。什么时候作者的心"贴"不住人物，笔下就会浮、泛、飘、滑，花里胡哨，故弄玄虚，失去了诚意。而且，作者的叙述语言要和人物相协调。写农民，叙述语言要接近农民；写市民，叙述语言要近似市民。小说要避免"学生腔"。

我以为沈先生这些话是浸透了淳朴的现实主义精神的。

沈先生教写作，写的比说的多，他常常在学生的作业后面写很长的读后感，有时会比原作还长。这些读后感有时评析本文得失，也有时从这篇习作说开去，谈及有关创作的问题，见解精到，文笔讲究。——一个作家应该不论写什么都写得讲究。这些读后感也都没有保存下来，否则是会比《废邮存底》还有看头的。可惜！

沈先生教创作还有一种方法，我以为是行之有效的，学生写了一个作品，他除了写很长的读后感之外，还会介绍你看一些与你这个作品写法相近似的中外名家的作品。记得我写过一篇不成熟的小说《灯下》，记一个店铺里上灯以后各色人的活动，无主要人物、主要情节，散散漫漫。沈先生就介绍我看了几篇这样的作品，包括他自己写的《腐烂》。学生看看别人是怎样写的，自己是怎样写的，对比借鉴，是会有长进的。这些书都是沈先生找来，带给学生的。因此他每次上课，走进教室里时总要夹着一大摞书。

沈先生就是这样教创作的。我不知道还有没有别的更好的方法教创作。我希望现在的大学里教创作的老师能用沈先生的方法试一试。

学生习作写得较好的，沈先生就做主寄到相熟的报刊上发表。这对学生是很大的鼓励。多年以来，沈先生就干着给别人的作品找地方发表这种事。经他的手介绍出去的稿子，可以说是不计其数了。我在一九四六年前写的作品，几乎全都是沈先生寄出去的。他这辈子为别人寄稿子用去的邮费也是一个相当可观的数目了。为了防止超重太多，节省邮费，他大都把原稿的纸边裁去，只剩下纸芯。这当然不大好看。但是抗战时期，百物昂贵，不能不打这点小算盘。

沈先生教书，但愿学生省点事，不怕自己麻烦。他讲《中国小说史》，有些资料不易找到，他就自己抄，用夺金标毛笔，筷子头大的小行书抄在云南竹纸上。这种竹纸高一尺，长四尺，并不裁断，抄得了，卷成一卷。上课时分发给学生。他上创作课夹了一摞书，上小说史时就夹了好些纸卷。沈先生做事，都是这样，一切自己动手，细心耐烦。他自己说他这种方式是“手工业方式”。他写了那么多作品，后来又写了很多大部头关于文物的著作，都是用这种手工业方式搞出来的。

图 64　西南联大旧址（芦坚强摄）

沈先生对学生的影响，课外比课堂上要大得多。他后来为了躲避日本飞机空袭，全家移住到呈贡桃园，每星期上课，进城住两天。文林街二十号联大教职员宿舍有他一间屋子。他一进城，宿舍里几乎从早到晚都有客人。客人多半是同事和学生。客人来，大都是来借书，求字，看沈先生收到的宝贝，谈天。沈先生有很多书，但他不是“藏书家”，他的书，除了自己看，是借给人看的。联大文学院的同学，多数手里都有一两本沈先生的书，扉页上用淡墨签了“上官碧”的名字。谁借了什么书，什么时候借的，沈先生是从来不记得的。直到联大“复员”，有些同学的行装里还带着沈先生的书，这些书也就随之而漂流到四面八方了。沈先生书多，而且很杂，除了一般的四部书、中国现代文学、外国文学的译本，社会学、人类学、黑格尔的《小逻辑》、弗洛伊德、亨利·詹姆斯、道教史、陶瓷史、《髹饰录》、《糖霜谱》……兼收并蓄，五花八门。这些书，沈先生大都认真读过。沈先生称自己的学问为“杂知识”。一个作家读书，是应该杂一点的。沈先生读过的书，往往在书后写两行题记。有的是记一个日期，那天天气如何，也有时发一点感慨。有一本书的后面写道：“某月某日，见一大胖女人从桥上过，心中十分难过。”这两句话我一直记得，可是一直不知道是什么意思。大胖女人为什么使沈先生十分难过呢？

沈先生对打扑克简直是痛恨。他认为这样地消耗时间，是不可原谅的。他曾随几位作家到井冈山住了几天。这几位作家成天在宾馆里打扑克，沈先生说起来就很气愤：“在这种地方，打扑克！”沈先生小小年纪就学会掷骰子，各种赌术他也都明白，但他后来不玩这些。沈先生的娱乐，除了看看电影，就是写字。他写章草，笔稍偃侧，起笔不用隶法，收笔稍尖，自成一格。他喜欢写窄长的直幅，纸长四尺，阔只三寸。他写字不择纸笔，常用糊窗的高丽纸。他说：“我的字值三分钱！”从前要求他写字的，他几乎有求必应。近年有病，不能握管，沈先生的字变得很珍贵了。

沈先生后来不写小说，搞文物研究了，国外、国内，很多人都觉得很奇怪。熟悉沈先生的历史的人，觉得并不奇怪。沈先生年轻时就对文物有极其浓厚的兴趣。他对陶瓷的研究甚深，后来又对丝绸、刺绣、木雕、漆器……都有广博的知识。沈先生研究的文物基本上是手工艺制品。他从这些工艺品看到的是劳动者的创造性。他为这些优美的造型、不可思议的色彩、神奇精巧的技艺发出的惊叹，是对人的惊叹。他热爱的不是物，而是人，他对一件工艺品的孩子气的天真激情，使人感动。我曾戏称他搞的文物研究是“抒情考古学”。他八十岁生日，我曾写过一首诗送给他，中有一联：“玩物从来非丧志，著书老去为抒情”，是记实。他有一阵在昆明收集了很多耿马漆盒。这种黑红两色刮花的圆形缅漆盒，昆明多的是，而且很便宜。沈先生一进城就到处逛地摊，选买这种漆盒。他屋里装甜食点心、装文具邮票……的，都是这种盒子。有一次买得一个直径一尺五寸的大漆盒，一再抚摩，说：“这可以作一期《红黑》杂志的封面！”他买到的缅漆盒，除了自用，大多数都送人了。有一回，他不知从哪里弄到很多土家族的桃花布，摆得一屋子，这间宿舍成了一个展览室。来看的人很多，沈先生于是很快乐。这些挑花图案天真稚气而秀雅生动，确实很美。

沈先生不长于讲课，而善于谈天。谈天的范围很广，时局、物价……谈得较多的是风景和人物。他几次谈及玉龙雪山的杜鹃花有多大，某处高山绝顶上有一户人家，——就是这样一户！他谈某一位老先生养了二十只猫。谈一位研究东方哲学的先生跑警报时带了一只小皮箱，皮箱里没有金银财宝，装的是一个聪明女人写给他的信。谈徐志摩上课时带了一个很大的烟台苹果，一边吃，一边讲，还说："中国东西并不都比外国的差，烟台苹果就很好！"谈梁思成在一座塔上测绘内部结构，差一点从塔上掉下去。谈林徽因发着高烧，还躺在客厅里和客人谈文艺。他谈得最多的大概是金岳霖。金先生终生未娶，长期独身。他养了一只大斗鸡。这鸡能把脖子伸到桌上来，和金先生一起吃饭。他到处搜罗大石榴、大梨。买到大的，就拿去和同事的孩子的比，比输了，就把大梨、大石榴送给小朋友，他再去买！……沈先生谈及的这些人有共同特点。一是都对工作、对学问热爱到了痴迷的程度；二是为人天真到像一个孩子，对生活充满兴趣，不管在什么环境下永远不消沉沮丧，无机心、少俗虑。这些人的气质也正是沈先生的气质。"闻多素心人，乐与数晨夕"，沈先生谈及熟朋友时总是很有感情的。

文林街文林堂旁边有一条小巷，大概叫作金鸡巷，巷里的小院中有一座小楼。楼上住着联大的同学：王树藏、陈蕴珍（萧珊）、施载宣（萧荻）、刘北汜。当中有个小客厅。这小客厅常有熟同学来喝茶聊天，成了一个小小的沙龙。沈先生常来坐坐。有时还把他的朋友也拉来和大家谈谈。老舍先生从重庆过昆明时，沈先生曾拉他来谈过"小说和戏剧"。金岳霖先生也来过，谈的题目是"小说和哲学"。金先生是搞哲学的，主要是搞逻辑的，但是读很多小说，从普鲁斯特到《江湖奇侠传》。"小说和哲学"这题目是沈先生给他出的。不料金先生讲了半天，结论却是：小说和哲学没有关系。他说《红楼梦》里的哲学也不是哲学。他谈到兴浓处，忽然停下来，说："对不起，我这里有个小动物！"说着把右手从后脖领伸进去，捉出了一只跳蚤，甚为得意。我们问金先生为什么搞逻辑，金先生说："我觉得它很好玩！"

沈先生在生活上极不讲究。他进城没有正经吃过饭，大都是在文林街二十号对面一家小米线铺吃一碗米线。有时加一个西红柿，打一个鸡蛋。有一次我和他上街闲逛，到玉溪街，他在一个米线摊上要了一盘凉鸡，还到附近茶馆里借了一个盖碗，打了一碗酒。他用盖碗盖子喝了一点，其余的都叫我一个人喝了。

沈先生在西南联大是一九三八年到一九四六年。一晃，四十多年了！

1986. 1. 2. 上午

【课堂讨论】

你认为有无必要专门学习创作、写作课程？为什么？

【课后练习】

1. 文章中提到许多具体而有益的学习、研究方法，请把它们找出来并谈谈自己的理解。

2. 从本篇文章可以看出西南联大时期的学习具有哪些特点？

3. 作文：我熟悉的（一个人、一段生活）。

3. 一只特立独行的猪

王小波

【提 示】

王小波（1952—1997）当代著名学者、作家。生于北京，1968年去云南插队，曾任教于北京大学和中国人民大学，后辞职专事写作。主要作品有小说集《时代三部曲》、杂文集《沉默的大多数》。王小波为人为文都颇有特立独行的意味，其写作标榜“智慧”、“自然的人性爱”等，别具一格，深具批判精神。

插队的时候，我喂过猪、也放过牛。假如没有人来管，这两种动物也完全知道该怎样生活。它们会自由自在地闲逛，饥则食渴则饮，春天来临时还要谈谈爱情；这样一来，它们的生活层次很低，完全乏善可陈。人来了以后，给它们的生活做出了安排：每一头牛和每一口猪的生活都有了主题。就它们中的大多数而言，这种生活主题是很悲惨的：前者的主题是干活，后者的主题是长肉。我不认为这有什么可抱怨的，因为我当时的生活也不见得丰富了多少，除了八个样板戏，也没有什么消遣。有极少数的猪和牛，它们的生活另有安排。以猪为例，种猪和母猪除了吃，还有别的事可干。就我所见，它们对这些安排也不大喜欢。种猪的任务是交配，换言之，我们的政策准许它当个花花公子。但是疲惫的种猪往往摆出一种肉猪（肉猪是阉过的）才有的正人君子架势，死活不肯跳到母猪背上去。母

图65 王小波影响了中国几代人（编者加）

猪的任务是生崽儿，但有些母猪却要把猪崽儿吃掉。总的来说，人的安排使猪痛苦不堪。但它们还是接受了：猪总是猪啊。

对生活做种种设置是人特有的品性。不光是设置动物，也设置自己。我们知道，在古希腊有个斯巴达，那里的生活被设置得了无生趣，其目的就是要使男人成为亡命战士，使女人成为生育机器，前者像些斗鸡，后者像些母猪。这两类动物是很特别的，但我以为，它们肯定不喜欢自己的生活。但不喜欢又能怎么样？人也好，动物也罢，都很难改变自己的命运。

以下谈到的一只猪有些与众不同。我喂猪时，它已经有四五岁了，从名分上说，它是肉猪，但长得又黑又瘦，两眼炯炯有光。这家伙像山羊一样敏捷，一米高的猪栏一跳就过；它还能跳上猪圈的房顶，这一点又像是猫——所以它总是到处游逛，根本就不在圈里呆着。所有喂过猪的知青都把它当宠儿来对待，它也是我的宠儿——因为它只对知青好，容许他们走到三米之内，要是别的人，它早就跑了。它是公的，原本该劁掉。不过你去试试看，哪怕你把劁猪刀藏在身后，它也能嗅出来，朝你瞪大眼睛，噢噢地吼起来。我总是用细米糠熬的粥

图 66　知青生活虽然艰苦，也承载了一代人的青春（编者加）

喂它，等它吃够了以后，才把糠对到野草里喂别的猪。其他猪看了嫉妒，一起

嚷起来。这时候整个猪场一片鬼哭狼嚎，但我和它都不在乎。吃饱了以后，它就跳上房顶去晒太阳，或者模仿各种声音。它会学汽车响、拖拉机响，学得都很像；有时整天不见踪影，我估计它到附近的村寨里找母猪去了。我们这里也有母猪，都关在圈里，被过度的生育搞得走了形，又脏又臭，它对它们不感兴趣；村寨里的母猪好看一些。它有很多精彩的事迹，但我喂猪的时间短，知道得有限，索性就不写了。总而言之，所有喂过猪的知青都喜欢它，喜欢它特立独行的派头儿，还说它活得潇洒。但老乡们就不这么浪漫，他们说，这猪不正经。领导则痛恨它，这一点以后还要谈到。我对它则不止是喜欢——我尊敬它，常常不顾自己虚长十几岁这一现实，把它叫做“猪兄”。如前所述，这位猪兄会模仿各种声音。我想它也学过人说话，但没有学会——假如学会了，我们就可以做倾心之谈。但这不能怪它。人和猪的音色差得太远了。

后来，猪兄学会了汽笛叫，这个本领给它招来了麻烦。我们那里有座糖厂，中午要鸣一次汽笛，让工人换班。我们队下地干活时，听见这次汽笛响就收工回来。我的猪兄每天上午十点钟总要跳到房上学汽笛，地里的人听见它叫就回来——这可比糖厂鸣笛早了一个半小时。坦白地说，这不能全怪猪兄，它毕竟不是锅炉，叫起来和汽笛还有些区别，但老乡们却硬说听不出来。领导上因此开了一个会，把它定成了破坏春耕的坏分子，要对它采取专政手段——会议的精神我已经知道了，但我不为它担忧——因为假如专政是指绳索和杀猪刀的话，那是一点门都没有的。以前的领导也不是没试过，一百人也逮不住它。狗也没用：猪兄跑起来像颗鱼雷，能把狗撞出一丈开外。谁知这回是动了真格的，指导员带了二十几个人，手拿五四式手枪；副指导员带了十几人，手持看青的火枪，分两路在猪场外的空地上兜捕它。这就使我陷入了内心的矛盾：按我和它的交情，我该舞起两把杀猪刀冲出去，和它并肩战斗，但我又觉得这样做太过惊世骇俗——它毕竟是只猪啊；还有一个理由，我不敢对抗领导，我怀疑这才是问题之所在。总之，我在一边看着。猪兄的镇定使我佩服之极：它很冷静地躲在手枪和火枪的连线之内，任凭人喊狗咬，不离那条线。这样，拿手枪的人开火就会把拿火枪的打死，反之亦然；两头同时开火，两头都会被打死。至于它，因为目标小，多半没事。就这样连兜了几个圈子，它找到了一个空子，一头撞出去了；跑得潇洒之极。以后我在甘蔗地里还见过它一次，它长出了獠牙，还认识我，但已不容我走近了。这种冷淡使我痛心，但我也赞成它对心怀叵测的人保持距离。

我已经四十岁了，除了这只猪，还没见过谁敢于如此无视对生活的设置。相反，我倒见过很多想要设置别人生活的人，还有对被设置的生活安之若素的人。因为这个缘故，我一直怀念这只特立独行的猪。

【课堂讨论】

对个性的追求是现代社会的一个重要特点，你如何理解其含义?

【课后练习】

1．试分析本文第一、第二段表达了作者怎样的观点?

2．如何理解这只“特立独行的猪”？

3．结合王小波的其他作品，谈谈他的文章有什么特点?

在漫长的旅途中

于 坚

【提 示】

于坚（1954 —），当代诗人，云南昆明人。从事过工人、大学教师、研究人员等职业。1984 年发表成名作《尚义街六号》。1985 年与诗人韩东、丁当等创办《他们》文学杂志，标志着“他们”诗派诞生，并逐渐成为第三代诗歌代表人物。以世俗化、平民化、口语化的风格作为自己的追求，提出“拒绝隐喻”的诗学主张。他认为，诗歌应该消除隐喻。其诗平易却蕴涵深意，是当今少数能表达出自己对世界哲学认知的作家。著有诗集《一枚穿过天空的钉子》、《0 档案》、《于坚的诗》，另有随笔，散文集《棕皮手记》、《人间笔记》、《相遇了几分钟》等。

图 68 在城市中人总是孤独的（编者加）

在漫长的旅途中
我常常看见灯光
在山冈或荒野出现
有时它们一闪而过
有时老跟着我们
像一双含情脉脉的眼睛
穿过树林跳过水塘
蓦然间 又出现在山冈那边
这些黄的小星
使黑夜的大地
显得温暖而亲切
我真想叫车子停下
朝着它们奔去
我相信任何一盏灯光
都会改变我的命运
此后我的人生
就是另外一种风景
但我只是望着这些灯光

图 69　灯火（编者加）

望着它们在黑暗的大地上
一闪而过　一闪而过
沉默不语 我们的汽车飞驰
黑洞洞的车厢中
有人在我身旁熟睡

【课堂讨论】

为什么于坚在如今相对不发达的云南，文学创作却取得了丰收?

【课后练习】

1．诗人对灯的描写和想象有何含义?

2．在这首诗里，于坚是如何履行其“拒绝隐喻”的诗学主张的?

3．人生会面临诸多的抉择，请调查你的几位长辈，看看他们的重要抉择对其人生和生活产生了怎样的影响。

5. 不认识的人就不想再认识了

王小妮

【提　示】

王小妮（1955—），女，吉林长春人。1985 年定居深圳，现居家写作。被称为自朦胧诗以来，当代中国少数几个诗歌越写越好的诗人之一。长诗《十支水莲》被认为是不可多得的灵感之作，获得 2003 年华语传媒文学奖年度诗人奖。著有诗集《半个我在疼痛》、《我的诗选》、《我的纸里包着我的火》。作为一个女性诗人，王小妮的诗中找不到激烈的两性冲突，甚至几乎没有性别意识。在她的诗里，传达出一种“有限”的观念[1]。“有限”并不意味着人的故步自封，在诗人的眼里，有限背后隐藏的是对生命的爱和敬畏。

图 70　寂寞的清晨　（李姝摄）（编者加）

---

[1] 见张世英《新哲学讲演录》中对坏无限的阐释，广西师范大学出版社 2004 年版，第 1 页。

到今天还不认识的人
就远远地敬着他。
三十年中
我的朋友和敌人都足够了。
行人一缕一缕经过。
揣着简单明白的感情。
向东向西
他们都是无辜

图 71　独自生活的人不是野兽就是神　（李姝摄）（编者加）

我要留出我的今后
以我的方式
专心地去爱他们。
谁也不注视我。
行人不会看一眼我的表情

望着四面八方
他们生来
就不是单独的一个。
注定向东向西地走
一个人掏出自己的心
扔进人群
实在太真实太幼稚。
从今以后
崇高的容器都空着。
比如我。
比如我荡来荡去的
后一半生命。

【课堂讨论】

诗句“我的朋友和敌人都足够了”表达了诗人什么样的理念?

【课后练习】

1.“崇高的容器”在这首诗里指的是什么,这样的比喻起到什么样的作用?
2. 阅读王小妮《和爸爸说话》与《十枝水莲》,领悟王小妮的诗歌理念。
3. 人生充满着“有限”和“无限”,请写一篇短文表达你的看法。

霸王别姬（节选）

李碧华

【提　示】

李碧华，女，原名李白，广东人。其人行踪神秘，从不在大庭广众前抛头露面，坚持不公开照片、身世、年龄，不接受公开采访，容貌不详。她从小喜爱文学艺术，学生时代便向《幸福家庭》和《中国学生周报》投稿，以后从事过多种职业。1976 年至今，做过专职记者（人物专访）、编剧，又在《东方日报》撰写专栏及小说。代表作品有《川岛芳子》、《霸王别姬》、《青蛇》、《胭脂扣》、《生死桥》、《秦俑》、《饺子》等。

第一章　暑去寒来春复秋

婊子无情，戏子无义。

婊子合该在床上有情，戏子，只能在台上有义。

每一个人，有其依附之物。娃娃依附脐带，孩子依附娘亲，女人依附男人。有些人的魅力只在床上，离开了床即又死去。

有些人的魅力只在台上，一下台即又死去。

一般的，面目模糊的个体，虽则生命相骗太多，含恨地不如意，胡涂一点，也就过去了。生命也是一出戏吧。

折子戏又比演整整的一出戏要好多了。总是不耐烦等它唱完，中间有太多的烦闷转折。茫茫的威胁。要唱完它，不外因为既已开幕，无法逃躲。如果人人都是折子戏，只把最精华的，仔细唱一遍，该多美满啊。

帝王将相，才子佳人的故事，诸位听得不少。那些情情义义、恩恩爱爱、卿卿我我，都瑰丽莫名，根本不是人间颜色。

人间，只是抹去了脂粉的脸。

就这两张脸。

他是虞姬，跟他演对手戏的，自是霸王了。霸王乃虞姬所依附之物。君王意气尽，贱妾何聊生？当他穷途末路，她也活不下去了。但这不过是戏。到底他俩没有死。

怎么说好呢?

咳，他，可是他最爱的男人……真是难以细说从头。

粉霞艳光还未登场，还是先来调弦索，拉胡琴。场面之中，坐下打单皮小鼓，左手司板的先生，仿佛准备好了。明知一一都不落实，仍不免带着陈旧的迷茫的欢喜，拍和着人家的故事。

…………

“关师父。”

母子二人，已一足踏入一个奇异的充满暴力似的小天地，再也回不了头了。

关师父一回头，见是外人，只吩咐徒儿：

“吃好了那边练功去。”

放下饭碗一问：

“什么名儿？”

“问你呀！”娘把这个惶惑的，梦里不知身是客的孩子唤住。

“——小豆子。”怯怯地回应。

“什么？大声点！”

娘赶忙给他剥去了脖套，露出来一张清秀单薄的小脸，好细致的五官。

“小豆子。”

关师父按捺不住欢喜。先摸头、捏脸、看牙齿。真不错，盘儿尖。他又把小豆子扳转了身，然后看回回，又把他的手自口袋中给抽出来。

小豆子不愿意。

关师父很奇怪，猛地用力一抽：

“把手藏起来干嘛——”

一看，怔住。

小豆子右手拇指旁边，硬生生多长了一截，像个小枝桠。

“是个六爪儿？”

材料是好材料，可他不愿收。

“嘿！这小子吃不了这碗戏饭，还是带他走吧。”

坚决不收。女人极其失望。

“师父，您就收下来吧？他身体好，没病，人很伶俐。一定听您的！他可是错生了身子乱投胎，要是个女的，堂子里还能留养着……”

说到此，又觉为娘的还是有点自尊：

“——不是养不起！可我希望他能跟着您，挣个出身，挣个前程。”

把孩子的小脸端到师父眼前：

“孩子水葱似的，天生是个好样……，还有，他嗓子很亮。来，唱——”

关师父不耐烦了，扬手打断：

“你看他的手，天生就不行!”

“是因为这个么？”

她一咬牙，一把扯着小豆子，跑到四合院的另一边。厨房，灶旁……

天色已经阴暗了。玉屑似的雪末儿，犹在空中飞舞，飘飘扬扬，不情不愿。无可选择地落在院中不干净的土地上。

万籁俱寂。

所有的眼睛把母子二人逼进了斗室。

才一阵。

“呀——”

一声非常凄厉、惨痛的尖喊，划破黑白尚未分明的夜幕。

练功的是徒儿们，心惊肉跳，不明所以。小石头打了个寒噤，情知不妙。

一头惊惧迷茫的小兽，到处觅地躲撞，觑空子就钻，雪地上血迹斑斑……

挨过半晌。

堂屋里，只闻强压硬抑的咽气、抽泣。西西梭梭，在雪夜中微颤。孤注一掷。

是一个异种，当个凡俗人的福分也没有。

那么艰辛，六道轮回，呱呱坠地，只是为了受上一刀之剁?

剁开骨血。剁开一条生死之路……

大红纸摺摊开了。

关师父清清咽喉，敛住表情，只抑扬顿挫，唱着一出戏似的：

“立关书人，小豆子——”

徒儿们，一个、两个、三个……，像小小的幽灵，自门外窥伺。

香烟在祖师爷的神位前缠绕着。

也许冥冥中，也有一位大伙供奉的神明，端坐祥云俯瞰。他见到小豆子的右掌，有块破布裹着，血缓缓渗出，化成胭红，如一双哭残的眼睛，眼皮上一抹。无论如何，伤痛过。

小豆子泪痕未干，但咬牙忍着，嘴唇咬出了血。是半环青白上一些异色。

…………

师大爷又问：

“你那个绝货呢？”

胡琴拉起了。

关师父得意地瞅瞅他，把小豆子招来：

“来一段。”

不知恁地,关师父常挑一些需得拔尖嗓子的戏文让他练。自某一天开始——

四合院里还住了另外两家人，他们也是穷苦人家，不是卖大碗茶，就是替人家补袜底儿、补破袄。也有一早出去干散活的：分花生、择羊毛、搬砖块、砸核桃儿……

卖茶的寡母把小木车和大铜壶开出去，一路的吆喝：

“来呀，喝大碗茶呀……水开茶酽，可口生津啊，喝吧……”

师父总是扯住他教训。只他一个。

“小豆子你听，王妈妈使的是真声，这样吆喝多了，嗓子容易哑，又费力气。你记住，学会小嗓发声，打好了底……”

今天小豆子得在人前来一段了。

昨儿个晚上，本来背得好好的。他开腔唱了：

“我本是——我本是——”

高音时假声太高，一下子回不过来。回不过来时心慌了。

又陷入死结中。

关师父眯嘁着眼:

“你本是什么呀？”

“我本是男儿郎——”

正抽着旱烟的师父，“当啷”一声把铜烟锅敲桌面上。

小豆子吃了一惊，更忘词了。

小石头也怔住。大伙鸦雀无声。

那铜烟锅冷不提防捣入他口中，打了几个转。

“什么词？忘词啦？嘎？今儿我非把你一气贯通不可!”

师大爷忙劝住:

“别捣坏了——”

“再唱!”

小豆子一嘴血污。

小石头见他吃这一记不轻，忙在旁给他鼓励，一直盯着他，嘴里念念有词，帮他练。小豆子含泪开窍了。琅琅开口唱:

“我本是女娇娥，
又不是男儿郎……
见人家夫妻们洒落，
一对对着锦穿罗，
啊呀天吓，不由人心热似火——”

嗓音拔尖，袅袅娜娜，凄凄迷迷。伤心的。像一根绣花针，连着线往上扯，往上扯，直至九霄云外。

师大爷闭目打着拍子。弟兄们只管瞅住他。

小豆子过关了。

师父踌躇满志：

“哼！看你是块料子才逼你！”

他的命运决定了。

他童稚的心温柔起来。

…………

图 72 电影版《霸王别姬》惊艳世界影坛（编者加）

第十章 虞兮虞兮奈若何

已经上妆的两张脸，咦，油彩一盖，硬是看不出老态龙钟。一个清瘦倨傲，一个抖擞得双目炯灼。只要在台上，就得有个样儿。

扮戏的历程，如同生命，一般繁琐复杂。

记得吗？——搽油彩，打底色，拍红（荷花胭脂），揉红，画眉，勾眼，敷粉定妆，再搽红，再染眉，涂唇，在脖子，双手，小臂搽水粉，掌心揉红。化好妆后，便吊眉，勒头，贴片子，梳扎，条子里扎，插戴（软头面六大类，硬头面三大类。各类名下各五十件……）。

看小楼，他那年逾花甲的笨手，有点抖，在勾脸，先在鼻子一点白，自这儿开始……奇怪吧，经典脸谱里头，只有中年丧命的，反而带个“寿”字。早死的叫“寿”，长命的唤什么？抑或是后人一种凭吊的补偿？项羽冉冉重现了。

蝶衣一瞧，不大满意，他拈起笔，给他最后勾一下，再端详。这是他的霸王，他当年的霸王。

时空陡地扑朔迷离，疑幻疑真。

蝶衣把那几经离乱，穗儿已烧焦了的宝剑——反革命罪证，平反后发还给他——默默地挂在小楼腰间，又理理他的黑靠。

于是，搀了霸王好上场去。

身子明显的衰老了，造功只得一半，但他兴致高着呢：

“大王请！”

小楼把蝶衣献来的酒干了，“咳”的一声，杯子向后一扔，他扯着嘶哑的嗓子，终于唱了。在这重温旧梦的良夜。

想俺项羽——
力拔山兮气盖世，
时不利兮骓不逝，
骓不逝兮可奈何，
虞兮虞兮，
奈若何？

蝶衣持剑，边舞边唱“二六”：
劝君王饮酒听虞歌，
解君忧闷舞婆娑。
嬴秦无道把江山破。
英雄四路起干戈。
自古常言不欺我。
成败兴亡一刹那。
宽心饮酒宝帐坐。

蝶衣剑影翻飞，但身段蹒跚，腰板也硬了，缓缓而弯，就是下不了腰。终于这已是一阕挽歌。虞姬抚慰霸王，但谁来抚慰虞姬？他唱得很凄厉：

汉兵已略地，
四面楚歌声，
君王意气尽，

贱妾何聊生?

就用手中宝剑，把心一横，咬牙，直向脖子抹去。

血滴……

小楼完全措手不及，马上忘形地扶着他，急得用手捣着他的伤口，把血胡乱地，“拨回去”，堵进去……

剑光刺目。

蝶衣望定小楼。他在他怀中。

他俩的脸正正相对。

停住。“蝶衣!”

血，一滴一滴一滴……

蝶衣非常非常满足。掌声在心头热烈轰起。

红尘孽债皆自惹，何必留痕?互相拖欠，三生也还不完。回不去。也罢。不如了断。死亡才是永恒的高潮。听见小楼在唤他。

“师弟——小豆子——”

啊，是遥远而童稚的喊嗓声。某一天清晨，在陶然亭。他生命中某一天，回荡着:

“咿——呀——啊——呜——”

天真原始的好日子。

在中国，北平……的好日子。

童音缭绕于空寂的舞台和戏院中。

…………

“师弟!”

小楼摇撼他:“戏唱完了。”

蝶衣惊醒。

戏，唱，完，了。

灿烂的悲剧已然结束。

华丽的情死只是假象。

他自妖梦中，完全醒过来。是一回戏弄。

太美满了!

强撑着爬起来。拍拍灰尘。嘴角挂着一丝诡异的笑。

“我这辈子就是想当虞姬!”

他用尽了力气。再也不能了。

…………

【课堂讨论】

试梳理程蝶衣男性身份被“阉割”的过程，并就此讨论此人物形象的悲剧美学意味。

【课后练习】

1．作者以“婊子无情戏子无义”作为开场，试由此角度出发讨论《霸王别姬》中程蝶衣与菊仙的性格悲剧。

2．自行阅读《霸王别姬》全文，试述这部小说反映了中国近现代史上的哪几个历史时期，小说人物的悲剧是在哪一历史时期被推向了高潮?

3．与陈凯歌的同名电影比较，看看小说与电影的差别在哪里，选择一篇小小说改编为电影剧本。

7. 水乳大地（节选）

范 稳

【提 示】

范稳，男，当代青年作家，现居昆明。曾出版过长篇小说《清官海瑞》等，并在杂志上发表多篇中、短篇小说。多年来一直从事滇、藏地区的文化研究，并尝试着将其成果运用于文学创作。曾撰写过记述地域文化的图书《茫茫古道：挥之不去的历史背影》、《高黎贡：人类的双面书架》等著作、文章，为当前反映云南边这生活有实力的作家。

大辩论

神父们的战书在噶丹寺掀起轩然大波，喇嘛们不但感到自己受到了挑战，而且还被愚弄了……（省略号为编者加）在寺庙的最高宗教机构“拉昔会议”上，噶丹寺的所有活佛、掌教堪布、掌坛师（也被称为“铁棒喇嘛”）、领经师，拥有格西学位的高僧等，都对白人喇嘛究竟要在这里干什么一筹莫展。高僧们先讨论了他们所不熟知的上帝、耶稣、基督等……（省略号为编者加）上帝是谁，住在哪里？他是和释迦牟尼一样的佛陀吗？但是他怎么连一幅肖像都没有呢？我们藏传佛教的任何神灵和佛祖可都是有名有尊位的。我们凭此知道怎样顶礼他们。耶稣又是谁，是和宗喀巴大师一样的圣者吗？从他们所带来的耶稣画像看，他不过像一个苦修的普通僧侣，看上去一点也不尊贵威严。只不过西洋人把他画得非常逼真罢了。应该承认，白人喇嘛的画技是我们那些画唐卡画的喇嘛们所不及的，他们一定有什么魔法，他们画画的颜料也跟我们的不同，连水也不能将之冲洗干净。总之他们有很多我们所不知道的东西，从画画的颜料到白色的神奇药丸。但我们有自己的宗教，也有自己的佛陀，可为什么他们非要到这里来传播一种跟我们毫不相干的宗教呢……（省略号为编者加）

五世让迥活佛从他六岁被确认为四世让迥活佛的转世灵童时起，他的师傅、导师从来就没有告诉过他，这个世界上还有一种宗教与他所信仰的藏传佛教在救世渡人上大体相似，但其仪规、教宗、教义却有着本质的不同。尽管白人喇嘛的苦行律己赢得了人们的普遍好感，连高僧们也承认，他们从来没有见到过如此慈悲坚韧、如此苦修行善、普度众生的僧侣。因此在这次“拉普会议”上，五世让迥活佛一直没有发言，不过他感觉到其他高僧们也是站在澜沧江的此岸，讨论彼岸的问题。因此在穷结仲永堪布邀请他谈谈看法时，让迥活佛说：

“我不了解白人喇嘛是什么人。我目前还不能对他们下什么肯定的结论，但我可以否定他们身上的一些东西。他们不是魔鬼，尽管他们有着跟我们不一样的皮肤、眼睛、头发，但他们身体的这些器官仍然是一个人的器官。至于他们的思想是不是魔鬼的思想，我现在还不知道。他们不是商人，因为他们从不做任何生意。他们不是官吏，虽然汉人官吏和他们关系很密切，但他们从不对这个地方发号施令。他们不是无赖，因为他们对所有的人都奉献他的慈悲之心，所有的人也都把他们当朋友看待，甚至连我们这些和他们持不同信仰的人。他们也不是医生，尽管他们神奇的药丸和刀子证明他们的医术有区别于藏医藏药的独到之处，他们自己出钱，离开自己的亲友，从比印度更远的地方来到我们这里行善，像我们对待众生一样为百姓们服务，而且还不期待得到任何报酬。我认为，这种鼓励自己的教徒不怕路途遥远、甘冒生命风险去愉快而无私地帮助其他国家的人们，大约不是一个坏的宗教。但是他们的宗教肯定没有我们的宗教好，他们的神祇太少，宗教经典不多，竟然只有一本书；他们能控制的魔鬼也没有我们的多，他们甚至没有自己的护法神。仅从此点看，白人喇嘛的宗教不会长久的。一百年、五百年、一千年后，你们来看看，这块土地历经无数次劫难以后，能永远传承下去的，究竟是哪种宗教。”

图 73　藏传佛教的信仰者众多（编者加）

穷结仲永堪布说：“我在一个上午曾经看见白人喇嘛手里拿着一个镜子，对着路边的岩石左看右看，就像在上面找金子一样。我推测，白人喇嘛来到我们这里，或许是来找黄金的。我想他们也像那些汉人一样，只对黄金感兴趣。”

让迥活佛有些忧心忡忡地说：“要是来找黄金的，那他们就找错地方了，隔一条山岭下的金沙江里才产黄金，澜沧江里却只产盐。但如果他们真是来传播一种宗教的，峡谷里麻烦事就多啦。藏传佛教的红、黄、白、花、黑五种教派，这里就有四种，还有一种纳西人的东巴教。俗话说部落太多上师苦，管家太多仆人苦。这教派太多，百姓还不是苦啊。我看他们除了藏族人的皮肤和酥油茶不能改变外，峡谷里的一切他们都想推倒重来。要是他们能像摘树上的核桃一样将太阳摘下来，连光明和热量也要被白人喇嘛重新分配。”

“那我们把他们赶出去。”一个年轻一点的喇嘛说。

“人家在峡谷里尽行善事，一点罪孽也没有做过。你凭什么赶人家走呢？如果你的慈悲没有人家的大，你就得尊重人家的德行。”让迥活佛训斥道。

“他们魔鬼的面目还没有完全表现出来罢了。”那个喇嘛不服气地说。

“放肆！”让迥活佛喝道，“他们不是要求辩论么？辩论是我们宗教的特长，哪一个格西大喇嘛不是在拉萨的高僧面前辩论出来的呢？依靠语言和智慧战胜他们，正体现了我们宗教的宽容和慈悲。躲在暗处的对手现在终于站到了台前，对峡谷的僧众来说不啻为一件好事。就像有人类就有魔鬼一样，宗教总有自己的对手。告诉他们，我等待他们前来接受教诲。他们只学了点藏传佛教的显宗常识，密宗大法我还没有来得及传授给他们哩。性急的学生总学不到真正的知识。”

三天以后，在卡瓦格博县的县衙门前，藏传佛教的高僧大德和天主教的神父展开了两种宗教的对话。知县刘若愚和顿珠嘉措土司见证了这场彬彬有礼、用语言和智慧交锋的宗教大辩论。比起后来在峡谷里两种宗教你死我活、充满着血与火的争斗，不同教派的僧侣们此刻就像宗教讲坛上的学究。在他们耐着性子讨论一个宗教问题时，峡谷里的杜鹃花有的是花开花落的时间。当满山残红飘零、雨季即将来临时，他们还没有弄清对方宗教中的一些起码问题。不是双方缺乏智慧，而是他们都是自己宗教坚定的卫道士。

他们首先讨论了世界的起源。依照神父们的论说，上帝创造一切是信仰上帝万能的最根本问题。而让迥活佛则驳斥说，宇宙间根本没有造物主，更没有什么上帝，诸法因缘而起，一切事物或一切现象的生起，都是相对的互存关系和条件。杜鹃花为什么漫山遍野地开放，那是因为有大地。大地催生万物，万物让大地光彩重生。你们的上帝离澜沧江峡谷九万万里远，他怎么能知道峡谷里杜鹃花开放的季节？如果佛陀的慈悲感天动地，峡谷里的杜鹃花便会全部开成白色的。这样的事情几百年就有一次。你们的上帝怎么会知道这其中的因缘关系呢?

“恰恰相反，这正证明了上帝无所不在的力量。”杜朗迪神父舔舔干燥的嘴唇，沙哑着嗓子说，“……（省略号为编者加），我们的耶和华上帝在创造世界的第六日就说过，‘我要使地上到处生长鲜花瓜果，结满籽实，赐予你们为食；我要把青草绿树全赐予飞禽走兽，游鱼爬虫以及一切生物为食。’因此，即便峡谷里的杜鹃花为你们的佛陀全部开成白色，它也是上帝的杜鹃。”

“神父说得对，”知县刘若愚打着哈欠说，“那确实是上帝的杜鹃。”

他像一个不称职的裁判，对竞赛双方的规则与评判标准一窍不通，但是他只掌握一条从朝廷一品大员到八品官员都通行的准则,那就是不能得罪洋大人。他到这个最偏远的地方来做官，并不是赶鸭子上架，而是偌大的中国只有这一个位置留给他。

让迥活佛身后的喇嘛们眼睛都快要气得掉出来了。白人喇嘛的诡辩术没有一点明断和智慧……（省略号为编者加）他们用上帝的罩子笼罩一切，无论你说什么，他们便将这罩子往上一罩，说这是属于上帝的。

让迥活佛微闭着双眼，不急不躁地问:“请问，你们的上帝是慈悲的吗?”

“啊，上帝的仁慈遍及世上万物。”杜朗迪神父说。

让迥活佛说:“我们先不论仁慈。世上之人，有因造孽而失明、聋哑、瘫跛者，有因贫寒而饥饿、病痛、困顿者，有因战争而丧夫失子、因瘟疫而家破人亡者。那么，这一切无量之痛苦是谁造成的呢?如果上帝创造了一切，那么你们的上帝就没有大慈悲心。他给一些人带来痛苦，给一些人带去幸福，你所说的上帝的公正何在?其实在我们的宗教看来，一切痛苦都源于造孽，一切幸福均来自积德。今生之苦和前世有关，今生积德则为了来世。生命是一条链，不是谁赐予的，而是生生世世，相互关联。”

“你错了，尊敬的喇嘛。”沙利士神父插进来说，“人们的痛苦不是因为他们的前世造孽所致，而是因为他们有罪，没有在上帝面前忏悔。人死后没有来世，只有地狱和天堂，在主的面前忏悔认罪的人，直接升往天国。而你们的宗教，虚构了一个谁也没见过的来世，可是有谁能说出自己的前世是什么呢?尊敬的知县先生，在你来这里做官之前，你干什么?”

“我念书，后来中了举人。”刘若愚说。

“然后呢?”沙利士神父又问。

“后来，后来我家出了些银子，为我捐了这个知县。”

“这就是了。”沙利士神父击掌道，“如果你不念书，你当不了举人；如果你家不出银子，你做不了官。你现在的官位可以用你前世的钱来买吗?”

“神父说得对，官品只和现世的银子有关，前世的银子买不来现世的官。因为谁都知道，前世的钱是冥钞。”刘若愚站了起来宣布道：“时辰到啦，第一回合，西洋僧人胜，喇嘛败。第二回合之辩论，明日再说吧。”他打了个大大的哈欠，抵挡不住的烟瘾一览无余。

图 74 云南独特的地域孕育了别具特色的文化（编者加）

接下来的几日里，喇嘛们和神父们辩论了佛、法、僧三宝和圣三位一体的关系，藏传佛教密宗的“破瓦法”[1]与耶稣的复活是否是一回事，什么是真正的祈祷，是“主啊，求你宽恕我们的罪”还是六字真言“唵嘛呢叭咪吽”，佛教徒的“苦”和天主教的“罪”孰重孰轻，两种宗教中都涉及到的地狱和天堂的区别等等。尽管在刘若愚不着边际的评判下，辩论越来越缺乏公允。有一天当辩论的双方来到县衙门前时，喇嘛们发现给让迥活佛坐的凳子变矮了，而对面白人喇嘛的凳子却加高了，白人喇嘛高高在上，傲慢地俯视着峡谷里人人尊敬的活佛。让迥活佛坐下时就像聆听老师讲课的学生。穷结仲永堪布气愤地说：

“活佛，不辩了。他们欺人太甚。”

---

[1] 藏传佛教密宗的修持方法之一，“破瓦”为“迁移”之意，精修此法的高僧运用破瓦法在即将圆寂时可自由投生，预言后世。

“那么你们就认输吧。”杜朗迪神父得意地说。

“坐在高处的人，并不意味着他的思想就高远。”让迥活佛一字一句地说，“雪山顶上只能长出矮小的荆棘，山腰的大树却从不和荆棘比高矮。”

“上帝从来都是站在高处怜悯你们。你们的宗教是那样的荒谬，所以只配坐在矮处，接受我们的教诲。”杜朗迪神父摇晃着脑袋说。

对面的喇嘛们喘出的粗气已经像澜沧江的轰鸣了，让迥活佛挥手压住了他们的怒气，他缓缓说：“如果你们非要认为一张凳子就能代表你们宗教的优越，我可以不要它。”

人们看见活佛深深地吸了一口气，双目微闭，仿佛睡意袭来，他马上就要进入美妙的梦乡。多年以后，峡谷里年长的老人还会回忆起这惊世骇俗的一幕。伟大的五世让迥活佛凭借自己深厚的法力，从凳子上腾空而起，悬在半空中和白人喇嘛展开捍卫自己宗教的大论战。当时所有在场的藏族人全都冲让迥活佛跪下了，白人喇嘛骇得目瞪口呆，他们往自己的凳子下垫石头……但让迥活佛始终高出他们一头。直到今天，五世让迥活佛说的话还让峡谷的众生没齿难忘，让迥活佛说：

“辩论让我们彼此了解对方。我们是在不认知你们宗教的情况下和你们辩论，而你们并不了解历史悠久的藏传佛教对这片土地的意义。我认为我们或许应该尊重你们的宗教，但是你们也要尊重我们的宗教。我们都是替神说话的僧侣，尽管我们各自供奉的神是多么的不一样。但是我们对众生怀有同样的悲悯。”

可是那天杜朗迪神父将此视为佛教徒认输的表示，他固执地说：“谈论真理和谴责谬误是我们的责任。而你们的宗教恰恰充满了谬误。就像你现在靠巫术悬在半空中不下来一样。”

让迥活佛大度地说：“这不是巫术，这是你还没有学到的东西。不是我不愿意教给你，而是你们太性急了。请记住，在众生面前，我们不侮辱你们的宗教，你们也不应侮辱我们的宗教。这是你们能够在峡谷里传播自己宗教的前提。”

“而我认为，这个前提是用一个真正基督徒的矛，戳穿你们的谎言。”杜朗迪神父傲慢地说。

那边的喇嘛们气得嗷嗷乱叫，但是让迥活佛依然不温不火地说：“你会发现，你的矛将被折断。”

【课堂讨论】

试说说作者塑造五世让迥活佛这个形象的意义。

【课后练习】

1.本文在现实与超现实之间切换的写作特色在哪些方面得以体现？这一特色营造出怎样的美学特征?

2．作家阿来在读过《水乳大地》后评价说：动人的故事，容易产生在文化交汇的地带。试析本文涉及到哪几种文化，并简单阐述各自的特点。

3．试比较《水乳大地》与《百年孤独》的异同。

附录一

GCT 考试语文要点

一、字 词

1. 字 音

【考查重点】

字音考查的范围以多音字、同音字、形似字为主。以常用字、容易读错的字为主要命题点。

【例题】

下列加点字的注音全都正确的一组是（2004 年考题）( )。

A. 觊（jì）觎　胴（tóng）　恫（dòng）吓　纨绔（kù）子弟

B. 忤（chǔ）逆　扒（pá）窃　伉（kàng）俪　垂涎（xián）三尺

C. 不啻（chì）　谄（chǎn）媚　隽（juàn）永　稗（bài）官野史

D. 刹（chà）那　篡（cuàn）改　狙（zǔ）击　岿（kuī）然不动

【答案】C。

【解析】

A 项：胴读作 dòng；B 项：忤读作 wǔ；D 项：狙读作 jū。

2. 字 形

【考查重点】

注重对易错字、常用字的考查，主要表现在对形似字的考查，如“椟、犊、牍、赎”；对同音字的考查，如“辩、辨”；对同音词的考查，如“反应、反映”等。

【例题】

下列各句中没有错别字的一句是（2007 年考题）( )。

A. 不可狂妄自大，也不要枉自菲薄。

B. 诗歌最忌骄揉造作，无病呻吟。

C. 他自顾不遐，哪里还能顾及他人。

D. 经过长途跋涉，他风尘仆仆赶到这里。

【答案】D。

【解析】

A．“枉自菲薄”应为“妄自菲薄”

B．“骄揉造作”应为“矫揉造作”

C:“自顾不遐”应为“自顾不暇”

3．词　语

【考查重点】

对词语的掌握要注意几点：一是正确理解词义；二是根据语境恰当地使用词语；三是能熟练运用成语。在理解词义时要注意一词多义的现象，如“名”，在“莫名其妙”、“不可名状”中的意思是“说出”，作动词；在“名不副实”、“名落孙山”中的意思是“名字”，作名词。使用成语时，首先要注意成语的感情色彩，其次要避免用错成语，如“朝秦暮楚”和“朝三暮四”这两个成语的意思容易混淆。“朝秦暮楚”指一个人立场不坚定，而“朝三暮四”则指形式改变了，实质内容却没变。

【例题】

下列加点字的释义全部正确的是（2005 年考题）(　　)。

A．失宠（偏爱）　　韬（显示）光养晦　　老骥伏枥（马槽）

B．爽（失）约　　马革（皮）裹尸　　作茧自缚（捆绑）

C．舞蹈（顿足）　　既往不咎（过错）　　悲天悯（怜惜）人

D．龌龊（肮脏）　　不知端倪（头绪）　　臭（难闻的）味相投

【答案】B。

【解析】

A．韬的本义是弓或剑的套子，后人用其比喻义“隐藏”，如“韬光养晦”，比喻隐藏才能，不外露。而“韬晦”即指“收敛锋芒，隐藏行迹”。这里的“显示”，恰恰把意思弄反了。

C．“舞蹈”，“手挥”谓之“舞”，“脚跳”谓之“蹈”；“脚跳”表示“兴奋”、“顿足”表示“焦急”、“懊丧”，二者意思完全相反。“咎”，属一词多义：一指“过失，罪过”，如“咎由自取”；二指“责备”，如“既往不咎”等。

D．“臭”为多音多义字。一读“xiù”，如“乳臭未干”，“无色无臭（味道）”；一读“chòu”，如“臭架子”、“臭名远扬”。这里的“臭”用其比喻义，表示“令人厌恶的”，又如“臭棋”（不高明），“臭骂”（狠狠地）。

【例题】

下列加点字的释义全都正确的一组是（2007 年考题）（　　）。

A．声震寰宇（天下）　　瞬息万变（一眨眼）　　挺身而出（挺直）

B．兢兢业业（谨慎）　　扪心自问（拍打）　　顺理成章（道理）

C．金声玉振（玉石）　　不可理喻（晓谕）　　颠扑不破（抬高）

D．相辅相成（辅助）　　洋洋洒洒（流畅）　　莫衷一是（衷心）

【答案】A。

【解析】

B．“扪心自问”，“扪”，意思为“按”、“摸”。“顺理成章”的“理”是“条理”的意思。

C．“金声玉振”，“金”指钟（古代乐器），“玉”指“磬”古代打击乐器。这个成语的本义是比喻孔子德行兼备，正如奏乐以钟发声，以磬收韵，集众音之大成。后用来比喻才学精妙，声名远扬。“颠扑不破”中的“颠”作“跌落、倒下”解。这个成语的本义是无论怎样摔打都不破，后用来比喻永远不会被推翻。

D．“洋洋洒洒”，“洒洒”，形容众多；“莫衷一是”，“衷”，表示“内心”。

4．实词与虚词

【考查重点】

实词和虚词是 GCT 考试的重点内容之一，实词重点考查近义词、同音词的区分和运用，如“度过”和“渡过”，“权力”和“权利”；虚词重点考查连词、副词、介词的使用，特别是容易混淆的词，如“对”、“对于”等。

【例题】

在下列各句横线处，依次填入最恰当的词语（2007 年考题）（　　）。

①误会产生后，你们并没有给他______的机会。

②这两个问题之间没有什么关联，需要______处理。

③大家的力量______在一起，就没有克服不了的困难。

A．分辨　　各别　　会合　　B.分辨　　个别　　会合

C．分辩　　各别　　汇合　　D.分辨　　个别　　汇合

【答案】C。

【解析】

本题考查了三组同音词。“分辨”重在“辨别”，如“分辨不出真假”；“分辩”重在用语言辩白，“他急于为自己分辩”。“个别”指单个的人或事，如“个

别处理”；“各别”指各不相同，各有分别。“会合”，指不同的事物从不同的方向聚到一起，如“黄浦江在吴淞口和长江会合”；“汇合”是指聚集在一起并形成力量、气势等，如“小溪汇合成大江”。

【例题】

在下面的文字中的横线处，依次填入最恰当的关联词语（2007 年考题）：

中国人和日本人还是不同，______中国人和日本人的不同，在外表上不容易看出来。因为每一个国家的国民，都有他独特的遗传和环境，______自然就有了他的国民性。由这一点来讲，______不能理解一国的国民性，就很难欣赏一国的文学。中国古人写文章，是以维持世道人心为目的，______，作者想写的东西并不一定都是“载道”的东西。

A. 而且　因此　即使　当然　B. 而且　因此　假使　自然

C. 只是　所以　即使　自然　D. 只是　所以　假使　当然

【答案】D。

【解析】

“而且”表示递进的关系，“只是”相当于“只不过”，表示轻微的转折语气。根据语境，该句中应用“只是”。“即使”表示假设性让步，常和“也”连用。“当然”指符合事实，没有疑问，根据语境用“当然”合适。

二、句　子

1. 句子的连贯衔接

【考查重点】

考查句子连贯，主要是对表达习惯、语法知识、文体知识、修辞知识掌握情况的综合考查，特别是对语感的考查。近年来的 GCT 试题，句子连贯主要考查句子内容排列的合理，一般只涉及议论段落句子的连贯衔接。

【例题】

在下面文字中的横线上填上一句话，使之与上下文衔接，这句话是（　）。

有位名人说过，道德和才艺是远胜于富贵的资产。因为______，道德和才艺却可以使一个凡人成为不朽的神明。

A. 道德和才艺是永远的，富贵和资产只能是暂时的

B. 显贵的门第和巨额的财产可以因子孙的堕落而败坏、荡毁

C. 道德和才艺是永远可靠的，富贵和资产始终是不可靠的

D．道德和才艺是变化的，富贵和资产也是变化的

【答案】B。

【解析】

语段是有因果关系的句群，空缺处的前面是"果"，后面是"因"，"因"后面强调的是道德和才艺使凡人成为不朽的神明，那前面应该谈富贵资产是迅速毁灭的，所以要选 B。

【例题】

依次填入下面横线上的几句话排列恰当的一项是（　　）。

昔日,潮州的这座湘子桥,是一座亦市亦桥的市桥,______,______,______。

①廿四墩上，有廿四座楼阁、亭台

②桥下，是盛极一时的花艇"六篷船"

③五百来米的大桥面上，商贾在营利

A．①②③　　B.②③①　　C.②①③　　D.①③②

【答案】D。

【解析】

（略）

2．辨析并修改病句

【考查重点】

此知识点侧重两方面的考查，一是对句子中的语法错误的辨析，二是辨析句子在表达上是否严谨，有无逻辑错误。

【答题技巧】

（1）注意语感审读

多读几遍句子，从直观上察觉句子的毛病，即按习惯的说法读起来是否别扭。

（2）压缩句子主干

通过压缩出句子的主干，能很容易地找到句子的错误，先看主干有无问题，再看修饰语和中心词之间，修饰语内部是否有语病。

（3）造句类比

有些语病难以觉察时，可仿照原句的结构再造一个常用的句子，一经比较，问题就较容易发现。

（4）有些句子从语法上发现不了问题，就要从逻辑关系上进行分析，从概念的使用、推理、判断方面考虑句子是否得当。

【例题】

下列各句中，没有歧义的依据是（2006 年考题）（　　）。

A．几乎所有公司的领导都出席了这次会议，可见这次改革至关重要。

B．我最初认识他的时候，还是个 7 岁的毛头小子，如今已经成家立业了。

C．马丁教授称“中国不同大学学费应不同”，此说在中外大学校长论坛引起共鸣。

D．对于南方银行新任行长的意见，《经济观察报》明天将发表相关评论。

【答案】C。

【解析】

A 项表意不明，是“所有公司的”领导，还是公司的“所有领导”。B 项错误类型相同，“7 岁的毛头小子”指代不明，可以指代“他”，也可指代“我”；D 项也是表意不明，既可理解为对新任行长这个人的“意见”，也可理解为对“新任行长”这件事的意见。

【例题】

下列各句中，没有语病的一句是（2007 年考题）（　　）。

A．该电厂每年的发电量，除供当地使用外，还向北京、天津输送。

B．随着科学技术日新月异的发展，电脑已成为人们不可或缺的工具。

C．国产电视机的价格一降再降，有的甚至下降了一倍。

D．文件对经济领域中的一些问题，从理论和政策上作了详细的规定和深刻的说明。

【答案】B。

【解析】

A 项搭配不当，“发电量”既不能“使用”也不能“输送”，可改为“所发的电”；C 项表述不当，表示“下降”、“减少”等不能用倍数，可改为“一半”；D 项句式杂糅，应改为“从理论上作了深刻的说明，从政策上作了详细的规定”。

三、修　辞

【考查重点】

主要考查常用修辞格，如比喻、拟人、排比、夸张、对仗、顶针、借代等。重点理解掌握最常见的几种修辞格的形式特点、能在特定的语境中准确辨析确认所用修辞手法，理解鉴赏表达作用和效果。

【例题】

选出下列句子中不是对偶句的一项是（ ）。

A．北通巫峡，南及潇湘。

B．朝晖夕阴，气象万千。

C．衔远山，吞长江。

D．日星隐耀，山岳潜形。

【答案】B。

【解析】

（略）

【例题】

下面的诗句运用了哪些修辞手法，请选出正确答案（ ）。

山舞银蛇，原驰蜡象，欲与天公试比高。

A．夸张　　对偶　　比喻

B．对偶　　比喻　　拟人

C．夸张　　对偶　　拟人

D．对偶　　比喻　　排比

【答案】B。

【解析】

（略）

四、标点符号

【考查重点】

这部分内容主要考查最常用的标点符号，即逗号、句号、顿号、冒号、分号、问号、感叹号、省略号、破折号、引号、书名号。一般不涉及单引号、双引号、单书名号、双书名号，以及括号内外使用逗号句号等问题。

主要考查考生对常用的每一种标点符号的特点、作用以及使用规则等掌握运用得是否准确、熟练。能在日常的阅读中，理解表达作用和使用效果，在写作中能正确运用表达作为辅助表情达意。

【例题】

为下面语句选择正确的表点，将序号写在括号里正确的是（ ）。

记得在小学里读书的时候①班上有一位“能文”的大师兄，在一篇作文的

开头写下这么句②鹦鹉能言，不离于禽③猩猩能言，不离于兽④

A. ①，②：③，④。 B. ①。②：“③；④。”

D. ①，②：“③。④。” C. ①，②：“③；④。”

【答案】C。

【解析】

（略）

五、文学文化常识

【考查重点】

GCT 考查的对象有中外著名作家所属的朝代、重要作品、代表作、文学史上著名的流派名称以及重要的文学主张、重要题材的发展变化、文学史上知名作品、作品中的名句出处；文化常识涉及礼貌用语、地理、习俗、科举等基本知识。

考查重点是对记忆的内容的广泛、理解掌握的熟练程度。考查古今中外文学文化知识中最重要、最知名的部分，这部分要重点掌握，对不甚知名的作家作品流派只需作一般了解。

【例题】

诗经开创了我国文学现实主义传统，不是《诗经》主要表现手法的是（　　）。

A. 赋　　B. 比　　C. 兴　　D.风

【答案】D。

【解析】

《诗经》是我国第一部诗歌总集，由三部分内容组成，分别是《风》、《雅》、《颂》，赋、比、兴则是《诗经》的艺术表现手法，所以“风”是《诗经》的内容，不是表现手法。

【例题】

“有一千个读者就有一千个哈姆雷特”的说法，说的是______的作品《哈姆雷特》中的人物形象。

A. 莎士比亚　　B. 狄更斯　　C. 塞万提斯　　D. 本·琼森

【答案】A。

【解析】

《哈姆雷特》是莎士比亚的著名悲剧作品。

【例题】

下列有关文学常识的表述，不正确的一项是（　）。

A．“乐府”原为汉武帝刘彻设立的专管音乐得官署，因兼及创作和收集民间诗歌、乐曲，后遂称这类诗歌为“乐府”诗，或简称“乐府”。

B．苏轼在散文、诗词、书画方面都有极高的成就，与父苏辙、弟苏洵并称“三苏”，并同属“唐宋八大家”之列。

C．《女神》突破了旧格套的束缚，创造了雄奇奔放的自由诗体，为“五四”以后自由诗的发展开拓了新天地，成为我国新诗的奠基之作。

D．泼留希金是俄国作家果戈理的作品中的人物，《狂人日记》《钦差大臣》《死魂灵》都是果戈理的作品。

【答案】D。

【解析】

在D项中，《钦差大臣》《死魂灵》是果戈理的作品，泼留希金是《死魂灵》中的人物，但《狂人日记》是我国著名作家鲁迅的作品，所以D的表述不正确。

【例题】

下列加点的地名和现在的称谓对应，依次正确的一项是（　）。

① 宁饮建业水，不食武昌鱼

② 姑苏城外寒山寺，夜半钟声到客船

③ 维扬帅下逐客令

④ 临安春雨初霁

⑤ 李小二初在东京时多得林冲看顾

A．杭州	江阴	扬州	镇江	洛阳
B．南京	苏州	扬州	江阴	开封
C．南京	苏州	扬州	杭州	开封
D．杭州	苏州	扬州	镇江	洛阳

【答案】C。

【解析】

（略）

公务员考试语文要点

一、汉 字

公务员行测言语理解与表达部分涉及汉字方面的知识，考查的重点在于要求考生辨识词语中容易出现的易错字和错别字，主要考查考生对汉字字形的把握。

【知识要点】

1．汉字的起源

汉字是汉族人的祖先在长期的社会实践中逐渐创造出来的。汉字的形体是指汉字的外形、体式。经过六千多年的变化，其演变过程是：甲骨文→金文→小篆→隶书→楷书、草书和行书。以上“甲、金、篆、隶、楷、草、行”称为“汉字七体”。

2．汉字的构造

汉字的构成有几种方法，有象形、指事、会意、形声、转注和假借六种。表意是汉字字形的一大特征，是汉字构形的基础。象形字、指事字、会意字、形声字和转注字字形都跟字的本义有不同程度的联系，因此，不同字义可以从字形构成加以区别。

3．怎样避免写错别字

错别字是做题中容易出现的问题，主要表现为形近字的别字。形近字主要分为音同形不同和音不同形相同两个方面。如“装帧”误作“装祯”，“辩驳”误作“辨驳”，“味同嚼蜡”误作“味同嚼腊”，对此，需要几种方法加以辨别：

（1）以义辨形。

形旁推断字义。如“装帧”一词的意思是指书画作品或书刊的装饰设计，“帧”指的是字画的幅，应从“巾”旁，而“祯”从“礻”旁，“礻”即“示”，其意义与祭祀有关，这与“装帧”的意义显然不符。“辩驳”一词意思是争辩驳斥，与人争辩，驳斥对方应该是用言辞，所以应从“讠”旁而不从“卜”。“味同嚼蜡”一词形容没有味道，多指文章或说话枯燥无味，“蜡”有枯燥无味之意，而“腊”意指腌制后风干或熏干的（鱼、肉、鸡、鸭等），风味独特，深受人们喜爱，当然不能说是“味同嚼腊”。

（2）以字形特点区别一些音近或形近字。

例如，立即的“即”与既然的“既”。

（3）偏旁意义区别形近字。

例如，冠与寇。

【例题】

下列各句中没有错别字的一句是（　　）。

A．天津杨柳青镇是年画的发祥地，每年春节前后，海内外游客都纷至踏来，感受腊月新春的民俗风情。

B．每当谁做了有益于公众的事，社会就理所当然地给谁以肯定和称诵，谁也就会因此赢得巨大的荣誉。

C．经过一年的调查取证，检查机关终于查清了这家公司的总经理循私舞弊而导致公司倒闭的事实。

D．感知明快的人，善于洞察前景，见微知著；感知迟钝的人，往往过于拘泥和死板，只看到过去而看不到将来。

【答案】D。

【解析】A“纷至踏来”应写作“纷至沓来”。B“称诵”应写作“称颂”。C“检查机关”应写作“检察机关”。

二、标点符号

【知识要点】

1．问　号

（1）第一注意选择问，全句末尾才用问（选择性的问句，中间的停顿用逗号，只在全句末尾打一个问号）。

例：

A．你打算到西安去呢，还是到广州去呢?

B．你打算今天去呢，还是明天去呢?

C．你是临场害怕呢，还是身体不舒服?

（2）第二注意倒装问，全句末尾也用问（倒装性的问句，问号也打在全句末）。

例：

A．怎么了，你?

B．这究竟是怎么回事呢，同志们?

（3）第三注意特指问，每句末尾都用问（特指性的问句，每个问句的末尾都要打上问号）。

例：

除了他能去，还有谁呢？你吗？你能去吗？我看你不能去吧？

(4) 第四注意无疑问，陈述语气不用问（有些句子的局部虽然带上疑问词，但整个句子的语气是陈述语气，这样的句子就不能打问号）。

例：

A．我不知道他叫什么。

B．谁都不知道他叫什么。

C．让我们来看看这个评价是否恰当。

D．要在城西修建立交桥的消息传出后，许多人都非常关心这座立交桥将怎么建，那里的近千株树木将怎么办。

E．基础知识究竟扎实不扎实，对今后的继续深造有重要影响。

2．感叹号

关键注意倒装叹，全句末尾才用叹（倒装性的感叹句，感叹号要打在全句末尾）。

例：

多美呀，祖国的春天！

3．顿　号

(1) 大并套小并，大并逗，小并顿（有的句子并列词语中还有并列词语，大的并列词语之间用逗号，小的并列词语之间用顿号）。

例：

A．原子弹、氢弹的爆炸，人造卫星的发射和回收，标志着我国科学技术的发展达到了新的水平。

B．这个经济协作区，具有大量的科技信息，较强的工业基础，巨大的生活资料、生产资料市场，较丰富的动植物、矿产、海洋、旅游等资源。

(2) 并列谓和并列补，中间不要去打顿（并列性的谓语之间和并列性的补语之间打逗号，而不打顿号）。

例：

A．你要不断进步，识字，生产。

B．这个故事讲得真实，动人。

(3) 集合词语连得紧，中间不要插进顿（集合词语是紧密的结构，不能用顿号分隔开来。如“师生员工”，其间就不能用顿号）。

例：

A．这次“严打”的成功，和广大公安干警的努力是分不开的，和公安干警家属的支持是分不开的。

B．这个县有三十多所中小学。

(4）概数约数不确切，中间也别带上顿（概数即约数，是不确切的数目，中间不能打顿号)。

例：

A．看上去十七八岁，一副瘦骨伶仃的样子。

B．小河对岸三四里外是浅山。

4．分　号

分句内部有了逗，分句之间才用分（并列分句内部有了逗号，这并列分句间才能用分号)。

例：

A．我们过苦日子时，他来了；我们过好日子时，他却走了。

B．做，要靠想来指导；想，要靠做来证明。

5．冒　号

提示下文用冒号，总结上文要带冒号。

例：

A．下午他拣了好几件东西：两条长桌，四个椅子，一副香炉烛台，一杆台秤。

B．教师爱护学生，学生尊敬老师：师生关系非常融洽。

6．引　号

引用之语未独立，标点符号引号外；引用之语能独立，标点符号引号里（这主要是引号和其他标点符号的配合原则)。

例：

A．写文章应做到“平字见奇，常字见险，陈字见新，朴字见色”。

B．现代画家徐悲鸿笔下的马，正如有的评论家所说的那样，“神形皆备，充满生机”。

C．陆游诗云：“汝果欲学诗，工夫在诗外。”

7．括　号

注释局部紧贴着，注释整体隔开着（如果括号注释的是局部的词语或短语，括号就紧贴着被注释的部分；如果括号注释的是整体的句子或段落，括号就和被注释的部分隔开)。

例：

A．如果想对中国古代史的史料有一个初步的了解，可以参阅《四库全书简明目录》(1957 年古典文学出版社出版了铅印本。此目录包括经、史、子、集)。

B．皮之不存，毛将焉（哪里）附。(《左传》)

C．人不能像走兽那样活着，应该追求知识和美德。

【例题】

下列句子中标点符号使用完全正确的一项是（2007 年浙江省 B 类真题第 39 题）（ ）。

A．许多人以为乐观主义的人不过是“嬉皮笑脸”，“随随便便”，“一切放任”，“得过且过”，“唯唯诺诺”。

B．我们要领会“俯首甘为孺子牛。”这句话的深刻意义。

C．看台上，同学们一个劲地喊着：“加油”、“加油”的口号，为运动员鼓劲。

D．一个没有理想的人，不但不知道明天走到哪里？做什么？就连今天做什么？为什么要这样做？都弄不清楚。

【答案】A。

【解析】B 项正确的写法应该是：我们要领会“俯首甘为孺子牛”这句话的深刻意义。C 项正确的写法应该是：看台上，同学们一个劲地喊着“加油!加油!”的口号，为运动员鼓劲。D 项正确的写法应该是：一个没有理想的人，不但不知道明天走到哪里，做什么，就连今天做什么，为什么要这样做，都弄不清楚。

三、词　语

关于词语的理解和运用是行测部分考查的重点，具体考查内容有：①词语的理解方面主要考查词语的语境义，即“正确理解词语在具体语言环境中的意义”；②词语的运用方面主要从词语的恰当搭配和组合的角度考查；③考查词语的感情色彩的变化和关联词语的使用；④考查近义词的区分；⑤考查正确地使用成语。

【知识要点】

1．词的构成和分类

词是由语素构成的、能独立运用的最小的造句单位。

词的分类主要有单纯词和合成词两种。

单纯词是只有一个语素构成的词。可分为联绵词、双声联绵词、叠韵联绵词、非叠韵联绵词、叠音词、拟声词和译音词。

合成词是由两个或两个以上语素构成的词。可分为复合式合成词、重叠式合成词和附加式合成词。

2．义的性质和分类

词是音和义的结合体，词义包括词的词汇意义、词的语法意义和词的色彩意义（感情色彩和语体色彩）。

词义的分类：

① 从词义的多少分为单义词和多义词。其中多义词的意思包括本义、基本义、比喻义和引申义。

② 从词义的远近程度分为同义词、近义词和反义词。

③ 从词义的感情色彩分为褒义词、贬义词和中性词。

词义的古今变化包括词义的扩大、缩小，词义的转移，词义感情色彩的变化，名称说法的改变，单音词变为复音词。

3．近义词的辨析

近义词是选词填空中常见的题型，这个问题的把握要从以下几方面入手：

（1）词义的侧重点不同。

这是近义词的重要差异。名词同义词的侧重点区分往往在所指事物、现象的特点方面。

动词同义词的区别往往在所指动作的方式、方法或动作的结果方面。

【例题】

将选项中的词语依次填入①②横线处最恰当的一组是（2008 年广东省上半年行测真题第 25 题）（　　）。

① 人人都有心中最值得______和喜欢的地方，或许是城市小巷，或许是山林大川，总会有个地方值得你去向往。

② 他不顾刺骨的寒冷跳进河中，救上三名落水儿童，全体师生都在______他英勇救人的事迹。

A．留念　传诵　B．留念　传颂　C．留恋　传诵　D．留恋　传颂

【答案】D。

【解析】留恋：非常舍不得，非常眷恋，非常想永远留下来。留念：留作纪念（多用于临别馈赠）。传诵：流传诵读。传颂：传播颂扬。则留恋和传颂更能符合题意。所以选 D。

（2）词义的轻重不同。

如："处罚"与"惩罚"，"显著"与"卓著"等。后者要比前者的词义重一些。要注意的是，在词义相近时，双音节的词常比单音节的词义要重一些，比如"瘦"和"消瘦"，"假"和"虚假"，"奸"和"奸诈"等。

【例题】

下列______处最恰当的一组是(2008 年湖北省行测 A 类真题第 9 题)（　　）。

一个八岁的小孩子（　　）能够把《论语》背下来，这真是一件啧啧（　　）事情。

A．竟然 称道 B．竟然 称奇 C．居然 称道 D．居然 称奇

【答案】D。

【解析】“竟然”和“居然”都是副词，都表示由于事情的结果因与原来的预期相反而感到意外的语气。“竟然”侧重表示“不该这样而这样”，语气较重；“居然”可以表示“不应该或不可能发生的事成为事实”，也可以表示“不容易这样而竟能这样”，用于前一种情况时语气比“竟然”轻，用于后一种情况时语气比“竟然”重。“居然”兼用于书面语和口语。本句表示的是“不容易这样而竟能这样”，故用“居然”。“称道”：称赞，夸奖。“称奇”是称赞奇妙，比“称道”语义重。根据句意，本句填“称奇”比较恰当，故本题选D。

(3) 词义的范围不同。

有些同义词指称同一事物或现象，但所表现所指的范围大小不同。

【例题】

填入下面横线处的正确的词是（ ）。

新闻发言人说：SARS给全国人民带来了生活不便和健康威胁，最紧要的任务是加大______宣传力度和积极防治。（现时 现实）

【答案】现时。

【解析】“现实”与理想相对，指客观实际；“现时”指当前。“现实”要比“现时”词义的范围大些。

词义的范围不同，还表现在有的词是指事物的集合体，有的则是指事物的个体；前者如“河流、书籍、树木”，后者如“河、书、树”。

(4) 感情色彩不同。

近义词可以从它所表达的爱憎的感情和褒贬的态度上区别。词从感情色彩上可以分为褒义词、中性词和贬义词。

【例题】

填入下面横线处的正确的词是（ ）。

文莱旅游发展局总监赛贾玛鲁接受记者采访时说，当局将组团巡访各国，______宣传2008文莱观光年。（大事 大肆）

【答案】大事。

【解析】大事，大力从事；大肆，毫无顾忌地（做坏事）。大事属于中性词，大肆属于贬义词。

(5) 语体色彩不同。

即口语与书面语的不同、普通话与方言的不同。

【例题】

填入下面横线处的正确的词是（ ）。

如果不彻底转变旧观念，没有一种创新精神，在振兴辽宁老工业基地的道路上，我们就迈不开前进的______。（步子　步伐）

【答案】步伐。

【解析】“步子”指脚步，多用于口语。“步伐”指行走的步子，多用于书面语。因此，应填“步伐”。

【例题】

填入下面横线处的正确的词是（　）。

最近几天，美英两国政府高级官员频繁______，共同磋商伊拉克战后的重建事宜。(会晤　会面)

【答案】会晤。

【解析】会晤：会见，书面语；会面：会见，口语。

(6) 语法功能不同。

词义上相近或相同，但词性却不同，在句子中的成分也不同。如“勇敢”和“勇气”，“勇敢”属于形容词，可作定语、状语、补语，作谓语时不带宾语；“勇气”属于名词，多作主语、宾语。

(7) 适用对象不同。

【例题】

填入下列句子中横线上的词语，正确的一组是（2007 年浙江省行测 B 类真题第 30 题）（　）。

①相关部门多次派人来 这个公司的财务工作______，发现了许多问题。

②在我结婚的那天，妈妈拿出一个翡翠镯子给我，说那是祖上 ______下来的。

A. 检查　流传　　B. 检察　流传　　C. 检查　留传　　D. 检察　留传

【答案】D。

【解析】检查：为发现问题而用心查看。检察：检举核查、考察，特指国家法律监督机关依法定程序进行的法律监督活动。流传：传下来，传播开。留传：遗留下来传给后代。

(8) 词的搭配习惯不同。

如“保持”与“维持”，两个词都有保持原状、不让改变的意思。但轻重程度和搭配习惯不同。前者侧重于不使事物因时间延续而消失或减弱受损，常与“清洁”、“作风”、“传统”、“水平”、“联系”等词搭配。后者侧重于使事物在一定时间和限度内不改变，并使其继续存在下去，常与“纪律”、“现状”、“生活”、“秩序”等词搭配。

注意：无论是做近义词填空和选词填空必须从理解词语在具体语境中的意

义角度入手，正确使用语境中的词语。要把握一个原则——“词不离句，句不离词”。

4．成语和熟语的复习

成语和熟语类题型近几年出题次数逐渐增多，对于此类题型的把握需要大家正确识记和运用。在备战考试时，应如何做到正确使用成语和熟语呢？

（1）弄清成语和熟语的意义。

运用成语和熟语时必须掌握其确切意义和用法。不仅要弄清字义，重要的是理解它的整体意义。成语一般来源于古代典故和历史事件，可以从成语本身具有的特征去记忆，掌握本义和比喻义的差别。

【例题】

我生来性格倔强，心直口快，决不赞成你这种似是而非的态度，也不做你这样明哲保身的“好好先生”。

【解析】“似是而非”是好像对而实际上并不对，不能用来修饰“态度”，应将改为“模棱两可”。

熟语包括惯用语、谚语、格言、歇后语等。熟语通俗易懂，口语色彩较浓，熟语的识记需要了解其出现背景，联想其语意。

（2）弄清成语和熟语的感情色彩。

成语有褒义的和贬义的，感情色彩非常鲜明，使用时要加以辨析，不能乱用。如“自食其力”与“自食其果”，虽一字之差，但褒贬不同。熟语中惯用语大多带有贬义，因此要注意适用的对象和场合。

【例题】

下列各句中，画线词语使用恰当的一项是（2008年四川省法检行测真题第21题）（　）。

A．虽然交通事故的发生率已经每况愈下，但我们不能有丝毫大意。

B．对曾经纵横中国五百年的晋商，我们今天只能透过那些纸醉金迷的晋商大院来遥想他们当年踏漠北、下南洋的辉煌。

C．近年来，一些正值豆蔻年华的大学生沉迷在网吧里，从而荒废了学业，浪费了青春，让人痛惜不已。

D．写文章首先要言之有物，否则，无论文字如何优美，也只是金玉其外，败絮其中，不能打动读者。

【答案】D。

【解析】选项A中“每况愈下”是情况越来越差，形势越来越糟糕的意思，与句子所要表达的交通好转的意思不符；选项B中“纸醉金迷”是用来形容奢侈豪华，腐朽享乐的生活，与句子所要表达的赞扬的意思不符；选项C中“豆蔻年华”是指女子十三四岁时，与句中的大学生不符；选项D中“金玉其外，败絮其中”的意思是比喻外表很华美，而里面却一团糟，与句子所要表达的意思相符，所以，本题答案为D。

（3）弄清成语和熟语的使用对象和场合。

成语和熟语的使用同词语一样，都有适用的对象和场合，适用于一定的语义情境。尤其是成语，有它紧密的结构形式和完整的概括意义，具有较强的稳定性。因此，要规范运用成语。

【例题】

下面括号中正确的一项是（2008年重庆行测真题第16题）（ ）。

今天的幸福生活是先辈们用血汗换来的，我们不能忘记他们（ ）之功。

A．来之不易 B．开天辟地 C．翻天覆地 D．筚路蓝缕

【答案】D。

【解析】A．来之不易：得到它不容易。表示财物的取得或事物的成功是不容易的。B．开天辟地：比喻前所未有的伟大事业。C．翻天覆地：形容变化巨大而彻底，也形容事情闹得很凶。D．筚路蓝缕：驾着简陋的车，穿着破烂的衣服去开辟山林，形容创业的艰苦。所以选D。

5．关联词语的辨析

关联词语的辨析在选词填空和阅读理解中较为常见，把握关联词语需要明确其前后语句关系及其使用方法。关联词语的结构较为固定，适用对象和场合明确，需要大家日常的积累和识记。

【例题】

______全党同志和全国人民团结一心，坚持不懈地奋斗，不断取得扎扎实实的成效，我们______一定能够使社会主义新农村建设真正成为惠及广大农民群众的民心工程。

填入划横线部分最恰当的一项是（2008年江西行测真题第17题）（ ）。

A．如果 就 B．只有 才能

C．只要 就 D．倘若 也就

【答案】C。

【解析】从句意分析，这是一个充分条件关系的复句，应该选C。B显然不正确，“才能”和“能够”重复，句意不通顺。A、D代入也不通顺。

四、文学常识

文学常识题作为常识性知识，一方面可以作为解答言语类题的基础，另一

方面可以有效地解答类比推理和常识题中有关文学类知识的题目。

【知识要点】

文学常识主要包括作家作品、文学体裁和古代文化知识这三大部分。

1．作家作品

作家作品需要识记作家的简介以及作家的代表作品。范围上不仅有中国古代、现代作家作品，还有外国作家作品。此外，对文学流派、文艺思潮、文学团体和文学运动都要有所了解。

【例题】

下面解说正确的一项是（2007 年广东省下半年行测真题第 84 题）（　）。

A．《战争与和平》、《安娜 · 卡列尼娜》、《复活》及自传体小说三部曲《童年》、《少年》、《青年》都是俄国著名作家列夫 · 托尔斯泰的著作

B．辛弃疾，字幼安，号稼轩，他与北宋苏轼同是著名的豪放派词人，并称苏辛

C．《悲惨世界》、《巴黎圣母院》、《九三年》、《笑面人》都是法国著名作家巴尔扎克的作品

D．剧本《伪君子》、《吝啬鬼》、《贵人迷》是 17 世纪法国悲剧作家莫里哀的著作

【答案】B。

【解析】A 项《童年》、《少年》、《青年》的作者是高尔基；C 项都是雨果的作品；D 项莫里哀是法国著名喜剧作家。

2．文学体裁

文学体裁主要分为诗歌、散文、小说和戏剧。学会对作家的作品体裁进行归类，了解作家的写作情景，并对作品内容进行分析，明确其所表达的思想感情。

【例题】

类推两个对象的共同属性。先给出有某种关系的两个词或词组（因果、象征、特性、描述、属种等）。请从四个答案中选出一对，其间关系与题干给出的两个词或词组的关系相似（2008 年江苏省行测 A 类真题第 28 题）（　）。

喜儿；《白毛女》；戏剧

A．孙悟空；《西游记》；传奇

B．祥林嫂；《祝福》；小说

C．罗贯中；《三国演义》；小说

D．林冲；《水浒传》；古典

【答案】B 。

【解析】“喜儿”是《白毛女》中的女主人公，《白毛女》的体裁是戏剧；“祥林嫂”是《祝福》里的女主人公，《祝福》的体裁是小说。所以，本题选B。

“众芳摇落独暄妍，占尽风情向小园。疏影横斜水清浅，暗香浮动月黄昏。霜禽欲下先偷眼，粉蝶如知合断魂。幸有微吟可相狎，不须檀板共金樽。”这首诗描写的花是（2008年上海市行测真题第103题）（ ）。

A．牡丹

B．玫瑰

C．桂花

D．梅花

【答案】D。

【解析】本诗出自北宋诗人林逋的七律《山园小梅》，描绘了黄昏月光下山园小池边的梅花的神态意象。从诗中的“众芳摇落”也应该推断出描写的是梅花。

3．文化常识

包括对古代文化知识、外国文化知识的掌握。古代文化知识的内容很多，包括姓名和称谓、古代官职、宗法礼俗、地理常识、天文历法、古代音乐和交通工具。

【例题】

以下是对中国文化艺术的文言别称，属于美术的是（2008年安徽省行测真题第115题）（ ）。

A．丝竹

B．墨宝

C．丹青

D．金石

【答案】C。

【解析】我国古代绘画常用朱红色、青色，故称画为“丹青”。本题选C。“墨宝”指宝贵的字画，也用来尊称别人写的字或画。“金石丝竹”：金指金属制的乐器；石指石制的磬；丝指弦类乐器；竹指管类乐器。“金石丝竹”泛指各种乐器，也形容各种声音。

【例题】

贝多芬的交响曲中被称为“命运交响曲”的是（2008年广东省上半年行测真题第64题）（ ）。

A．第三交响曲

B．第五交响曲

C．第六交响曲

D．第九交响曲

【答案】B。

【解析】1808 年贝多芬发表了他的《第五交响曲命运》。在贝多芬的《第五交响曲》里，“命运”是活生生的。从感觉上，乐符会“敲门”，会蹒跚，会欢呼，所以称之为“命运交响曲”。